嫁いでみてわかった！
神社のひみつ

岡田桃子

JN173218

祥伝社黄金文庫

本書は、祥伝社黄金文庫『神社若奥日記』に新原稿を加えた増補改訂版です。

はじめに

清く正しく神聖なところ。粋《いき》でいなせでお目出度《めでた》いところ。夜は、面妖《めんよう》で恐いところ。私が以前、神社に抱いていたのは、こんな漠然《ばくぜん》としたイメージであった。

商社マンだった父の駐在先、インドで生まれ、帰国後は主に埼玉で育ち、ライターをしていた私が、大阪の北部、枚方《ひらかた》市にある片埜《かたの》神社に嫁《とつ》ぐことになったのは、たまたま好きになった人が跡継《あとつ》ぎだったから。

平安時代の朝廷の文書『延喜式《えんぎしき》』にも官社《かんしゃ》としてその名を連《つら》ねている古い神社、と聞いていたが、いざ来てみたら、まつりの日には神楽殿《かぐらでん》にミラーボールがまわって演歌歌手がショーをしていた。商売繁盛《はんじょう》のおまつり「えべっさん」では皆が境内で気持ちよく酔っていた。もちろん、そのいっぽうで、千年以上続く祭祀《さいし》と、欠かされることのない毎日のお供《そな》えがあり、静謐《せいひつ》な空気の中でのご祈禱《きとう》やお祓《はら》いがある。

生活に密着した日本と、浮世離れした記号的な日本がマーブル模様のように混ざっている、密度の濃い神社の内側を夢中で書きとめたドキュメントが『神社若奥日記』という本になったのは、およそ一〇年前のこと。

神社の歴史からすればほんの一瞬にすぎない一〇年のあいだに、人間の世界は大きく様変わりした。スマートフォンとSNSで、誰かが見つけた遠くの小さな（あるいはマニアックな）情報が、瞬《また》く間に伝播《でんぱ》する。

そのせいか、以前は氏子《うじこ》さんたちがお参りの中心だった各地の「氏神《うじがみ》さん」にも、ごく日常的に遠方からお参りが訪れるようになり、朱印帳をたずさえて旅に出る人も増えた。と同時に、地元の歴史や氏神さんについて興味と親しみを持つ人も増えた。江戸時代のように社寺が生活に溶けこみ、観光や娯楽の対象でもあるという愉快な時代が再び来る予感さえする。

この本は、そんな時流に対応し、前回の嫁エッセイに、もっと踏《ふ》みこんだ神社のあれこれを大量に加筆した増補版である。この一〇年の間に、私も神職《しんしょく》の資格を取得し、神社本庁や他の神社での研修なども経験して発見したことが山ほどある。

そこから二〇〇語あまりのネタを厳選した「神社用語小辞典」は、現場発信の用語集として、歴史好きの方はもちろん、「厄年《やくどし》どうしようかなー」と思っている妙齢《みようれい》の男女、巫《み》女《こ》希望の女子やパワースポット・ハンターの人たちまで、楽しく読んでいただけるよう工夫した。

旅のお供の「車内本」「機内本」として、風呂場に常備して家族で回し読みしていただく「湯舟本」として、あるいは暑気祓《しょきばら》い、厄祓いの一冊として、この小さな本を愛用していただけたら最高にうれしい。

平成二十八年五月

岡田桃子《おかだももこ》

追伸

この本の、一章から五章までは、平成十二年から十四年までの三年間に、私が体験した神社での出来事《できごと》が、まるのまま書かれています。

それから一〇年あまり、古来連綿《れんめん》と受け継《つ》がれてきた祭祀はまったく変わっていませんが、その周辺のもろもろは、絶えず変化しています。このたび「増補改訂版《ぞうほかいていばん》」を出すにあたり、書きなおした部分もあれば、当時の記録としてそのまま残した部分もあり、変化を注釈で説明してあるところもあります。

それ以外のあたらしい文章は、神社の入門編として、ちょっと俯瞰《ふかん》した立場で書いています。

もくじ──嫁いでみてわかった！　神社のひみつ

神社でよく見かけるもの 名前は何かな？

キ

オ

カ

ク

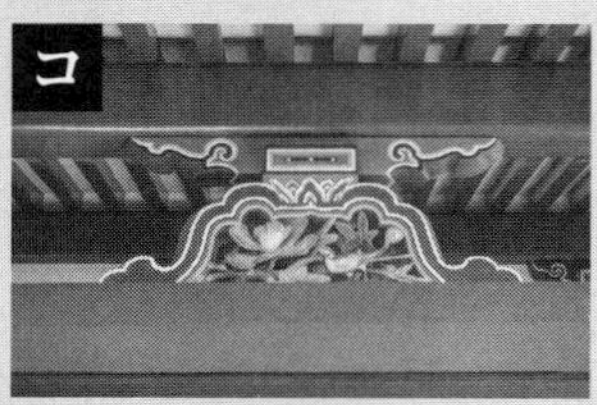

答えは379ページ

神社に参拝するということ

神社は、ほんとうにパワースポットなの？

それをパワーと呼ぶことが正確なのかどうかはさておき、実際に神社に行ってみて、そこで何かしらを感じることは、神道への真っ当なアプローチだと思う。

神道には八百万《やおよろず》の神がいるが、教典はなく教祖もいない。瞑想《めいそう》も断食もしない。自分に負荷をかけて悟《さと》ったり得心《とくしん》したりするってことが、ないのだから、ありのままの「オレ」が五感でつかむしかない。

「え？ 何も感じないですけど」ということも、もちろんある。美術館の大きな部屋に「ぽつんと置かれた白い箱」の現代アートを見に行くようなものかもしれない。「何これ？」「何なん？」と損した気分になることもあれば、なぜだかものすごい量のメッセージをその白い箱から受けとってしまうときもある。かんじんかなめはタイミングとこっち側の感受性だ。

かなり鋭い感覚をもった古代の日本人が見つけた特別な場所に、神社が建っていると思えばいい。自然ゆたかな古代の日本には、「ここ、ええなあ」「最高やな」「神おわしますな」「ここ自体が神ですな」と感じられる場所がたくさんあった。最初はそこに立てた箇単な目印から始まり、それが神の宿る「ヒモロギ」となり、やがて神の定宿としての神社になっていった。神社という基地ができたおかげで、人はいつでもその土地の神々と交流できるようになったのだ。

今となっては都会のど真ん中でも、目印のおかげで古代人が気持ちいいと感じたその周辺だけは、鎮守《ちんじゅ》の杜《もり》として残っている。そこへ現代の疲れた都会人が駆けつけて、古代人が見つけた特別な力の源泉を分けてもらっている。

というのが、私なりの神社観である。ひとつひとつの神社の成り立ちについてその例をあげていけば、それだけで本にして一〇冊ぶんほどになってしまうから、そちらは学者や研究者におまかせする。

いつも神社の中にいるようになって、ふと感じることがある。

平安時代、このあたりは朝廷のお狩場《かりば》だった。狩りにでかける貴族が馬にまたがり、ここへきて、「今日の狩り、成功しますように！」「獲物《えもの》は、雉《きじ》がいいです」などと祈願する姿。時代が進んで豊臣秀吉公《とよとみひでよしこう》がここを大坂《おおさか》城鬼門鎮護《きもんちんご》の社《やしろ》と定めてから、いろんな侍が出世祈願や方除《ほうよけ》祈願に来たようだ。むかしの、無名の人たちの日常のお参りの様子を、再現ＶＴＲのように頭に思いうかべる。

このように当時のことを考えると、ご本殿のほうから、その人びとの息吹《いぶき》がシュッと放出される感じがする。まるで、神社という生き物が私のようすをじっと観察していて、折を見てむかしの人びとの気配を手わたしてくるかのようだ。

そんなことを感じている私の気もまた、神社のどこかに吸収され、私が死んだ後になって、この神社に来た嫁たちにシュッと手わたされるにちがいない。そしてその時代にはすでに古文書となったこの本を、一〇〇年後の嫁が解読しながら、「そういうことだったのか！」とさけぶのだろう。

神社に詣《もう》でるということは、そこを訪れたむかしの人びとと、これから訪れる未来の人びととの、時を超えた気の交歓《こうかん》でもあるんじゃないか。最近は、そんなふうに思う。

神道は、それがいつごろ始まったのかすら、わからない。そのころに生きていなかったのだから、見てきたようには語れないが、仏教が伝来したときに初めて、今までその地に根づいていた民俗的風習や神観が「神道」として認識されたわけで、それまでは空気のように存在していたと思われる。各地で自然発生的に生まれ、各地で自由に発展しており、文字化されていない部分がとてつもなく多い。連綿と続いてきた「祭祀《さいし》」と「鎮守の杜」、そして「社殿」――この三点の今ある姿から読み解くしかない。

理系分野にたとえていうなら、数学や物理のように机の上で美しくシンプルな正解を追求してゆくよりも、フィールドワークで個別に当たって自分なりに分類したり、新種を発見したりしてゆく生物学や博物学のアプローチこそ、神道にはふさわしいのではないだろうか。

神社を参拝したら、ほんとうに「ごりやく」はあるの？

もともと日本の神々は、自然界のあらゆるところに宿っていて、人智を超えた、得体《えたい》の知れない、恐れるべき、めずらしく、あやしく、ものすごい存在、あるいは現象だった。

そういった存在に、わかりやすく人間ふうの名前をつけて、擬人化して、神話がつくられると、神々にまつわる、人間ふうの個性が形成されていった。いまの時代の、ロール・プレイング・ゲームでいうと、それぞれのキャラクターに与えられた「とくいわざ」が、神々の「ごりやく」にあたる。

方位、勝負、恋愛、厄除《やくよけ》。「ごりやく」にはいろいろあるが、それが必ずしも、人間社会にとっての善や、役にたつこととは限らない。「とくいわざ」が「風雨を起こすこと」

であったり、「雷を落とすこと」であったりもする。

たとえば、当社の御祭神《ごさいじん》であるスサノオノミコトは、やんちゃが過ぎてアマテラスオオミカミの岩戸《いわと》籠《ごも》りの原因をつくり、高天原《たかまのはら》から追放された神である。その荒ぶる性格により、暴れると疫病《えきびょう》が流行《はや》る、と恐れられ、そのために、人びとは祭祀によって彼をなだめすかす。

そのいっぽうで、追放されたあとに葦原中国《あしはらなかつくに》の出雲《いづも》へ降りたスサノオノミコトは、ヤマタノオロチを退治してクシナダヒメを得た。勇敢な英雄であり、女を守る頼もしい男であり、統治する神なのだ。当然、そうした面も、「ごりやく」となる。

人間と同じで、神にもいろいろな面があるし、神にだって、荒れる時期もあれば丸くなる時期もある。かならずしも、特定の神が、いつでも決まった「ごりやく」を発動するわけではない。また、それぞれの神社には、まつられている神の個性とともに、「氏神《うじがみ》としての個性」がある。つまり、スサノオさんを主神とする神社は全国にたくさんあるけれど、そのぜんぶが、同じ個性を持つわけではないし、同じ「とくいわざ」を持っているわけでもない。

たとえば当社の場合でいうと、主神はスサノオさんなので、スサノオさんの持つ個性は当然ながらある。だが、それに加えて、豊臣秀吉公が、大坂城築城の際、鬼門鎮護の社と定めて尊崇《そんすう》したことから、鬼門除《きもんよけ》・方除《ほうよけ》（方位除）の社としての性格も加わった。大坂城から見て、河内国《かわちのくに》の北東（鬼門）方向の端に、この神社が位置していたからである。現在でも地鎮祭や家遷《やうつり》（転居）のご祈禱《きとう》、入学、就職、転職などにともなう方除に霊験あらたかな神社とされている。

神社の「とくいわざ」である「ごりやく」は、まつられている神にもよるし、歴史上のできごとにもよるし、鎮座する土地、場所にも関係してくるのだ。

また、「皮膚病に効《き》いた」「縁結びに効いた」「試験に合格した」といった直接的で具体的な効果は、あくまで個人の感想にすぎないが、それが何千、何万という人数になり、何十年、何百年と続いたのなら、やがては「ごりやく」と呼ばれるようになる。

いずれにせよ、「ごりやく」は、人間の側が自分らのニーズに応じてつくりだしてきたもので、神サイドからの発信ではない。

では、「ごりやく」だけをもとめて神社に詣でるのは、けしからんことなのだろうか。

じつは、個人的な「ごりやく」だけをもとめて神社に詣でたとしても、参拝という行為そのものが神威《しんい》を増幅させ、結果的にはみんなの役に立つというしくみになっている。つねに呼吸して更新を繰り返している神は、たくさんの人びとが訪れて拝むことにより、あらたな気をとりこみ、バージョン・アップしてゆくとされているからだ。

都合のいいしくみに見えるけれど、地道な祭祀によって神霊《みたま》をなぐさめることにより、成り立つものでもある。神社で行なわれている例祭《れいさい》はその最たるものだろう。毎年同じ日の同じ時刻に、その神社の神にだけ通用するやり方で神を喜ばせ、ともにごちそうを食べ、祝い、なごむ。そうしてすこやかになった神は、ごきげんもうるわしく「ごりやく」（と、人が感じるもの）をばんばん発動するのである。

一章

はじめてづくし

かわった結婚式

平成十二年早春、パンダのマークをつけた「引越のサカイ」の四トントラックが、ほがらかに桜前線を逆行して大阪へ到着した。ライトアップされた大阪城の桜も、ようやくつぼみが膨《ふく》らみはじめたころ。

サラリーマンの次女に生まれ、神社とお寺のちがいすらはっきり知らなかった私が、たまたま出会い、恋愛した相手は、北河内《きたかわち》（大阪府北東部）で二千年余り続く神社の跡継《あとつ》ぎだった。出会った当初は、彼も私も東京でひとり暮らしをし、別の仕事をしていたので、神社を継ぐという問題には「いざ結婚」というときになって初めて直面した。

聞けば、彼はその神社の百二十三代目の跡継ぎにあたるという。二〇年ごとに世代交代してきたとして、20×123＝2460！　二四六〇年前って、弥生《やよい》時代だよ……。土器が、とがった底から平らな底になったころ、すでに神社があったということだろうか？

「大阪？　お好み焼きやタコ焼きをおかずに飯を食うようなやつらと、うまくやっていけるのか？」

「産まれた子供が関西弁になる」

「神社なら、万葉集とか読んでおかないとヤバいよ！」

「百人一首、いつも追試だったじゃん」

「っていうか安土桃山《あづちももやま》時代のこと原始時代だと思ってたじゃん」

私の地元、埼玉と東京の友達は、口々に「遺憾《いかん》の意」を表明した。一般的に、東京人、いや関東人全般にとって大阪という場所は心理的な鬼門《きもん》だ。友達のうち、ある者は転勤で、ある者はバンドのライブで、ある者はコントをしに大阪へ出陣し、いずれも玉砕《ぎょくさい》して帰ってきていた。それに、私の場合は一時的ではなく、大阪に骨を埋《うず》めることになる。そのうえ、相手の人が神様関係で、由緒《ゆいしょ》ある家柄。お見合いなら、悪くない話だが……。

私は、商社マンの父と母がインドに駐在中にボンベイの病院で産湯《うぶゆ》につかり、埼玉の小学校を卒業し、中学受験して東京の私立女子校に入り、大学では物理を専攻した。その後は就職せず雑誌に記事を書いて日々の糧《かて》を得、挿絵《さしえ》を頼んだのがきっかけでイラストレーターをしていた現在の夫と知り合った。これまでの生活は、神社や日本の伝統と関わることがなく、理系女子だった私は歴史や古文も苦手だった。十八歳で家を出てひとり暮らしをしていたために、冠婚葬祭やおつきあいのマナーを母から教わる機会も逸《いっ》していた。

「せめて、お店屋さんの娘とか、呉服屋《ごふくや》さんに勤めたことがあるとか、お茶やお花の師範を持ってるとかだったら、なんとかなるかもしれないが」

と言った友人のせりふが、妙に現実的に響いて、一同シーンとなってしまった。

しかしそこは恋愛のいきおいもあって、

「とりあえず行けばなんとかなる」

と開き直り、あまり深く考えずに、嫁に行くことに決めたのだった。

結婚式は彼の神社で、神式《しんしき》で行なうことになった。宮司《ぐうじ》であるおとうさんは、この場合「新郎の父」だから、斎主《さいしゅ》は、知り合いの神主さんにお願いした。雅楽は、わざわざ専門の方が来てくださっての生演奏。彼のご両親は、私のために すばらしい十二単《じゅうにひとえ》を用意してくださった。

十二単は、神職《しんしょく》の男性の正装「袍《ほう》」と対になる、神職でない女性の正装だ。夫の正装は、今後もずっと、まつりで着用するものなのでお誂《あつら》えだが、私の十二単は一日かぎりなのでレンタルである。京都御所《きょうとごしょ》でも借りられるというが、今回は、京都の貸衣装屋さんから借りることになった。

貸衣装界には、襟《えり》のところが十二枚になっているだけの「なんちゃって十二単」もあるというが、今回は着物を十二枚重ねて着る本式、ということで、相当の額はすると想像はしていた。が、想像をはるかに超えるお値段を聞いて、髪の毛が逆立った。あらためて、お金を出してくれる夫の両親に感謝すると同時に、えらいことになってきたぞ、というせりふが心の中で何度もこだました。

貸衣装屋さんには、十二枚の着物と、袴《はかま》の色、その重ねの色目が二パターンあり、好きなほうを選んでよいという。ひとつが、紫や赤が目立つもの。もうひとつが、緑色が映えるもの。私は、緑のほうにした。

十二単を着る場合、「おすべらかし」という、おひなさまと同じ髪型になる。自分の毛ではできないので、カツラだ。衣装屋さんの紹介で、京都の太秦《うずまさ》撮影所に借りにいった。水戸黄門《みとこうもん》など主な時代劇の多くがここで撮影されている。修学旅行で来たこともある。まさか自分がここで、結婚式のためのカツラを借りるとは思わなかった。

やにわに頑固《がんこ》そうなおじさんが奥から出てきて、だまって「おすべらかし」のカツラを私にかぶせ、飴色《あめ》に使いこまれた櫛《くし》でサクサク調整して「これでヨシ！」と言った。ついてきた貸衣装屋さんがすぐさま「ぜんぜん、違和感ございませーん。ここまでしっくりくるのも、おめずらしい」と言ったが、ガラスケースに映る自分をチラっと見たら、妙妙たる有様だった。もしここに友達がいたら爆笑するだろうと思ったが、まわりが第三者ばかりなので、静かだった。逃げ出したい気分の中、

「このヘンさはいったい、何と表現したらよいのだろう」

「コントに出てくる人みたいだぞ」

「いや、これはきっと洋服にカツラをかぶっているから不思議なんだ、十二単を着れば、サマになるのかも」

「皆こんなもんだ」

「白塗りの化粧をすれば、似合うサ」

さまざまな心の声が駆けめぐり、最終的に出てきた言葉は、

「はい。大丈夫です」

の一言だった。

私が自分を映して見たガラスケースの中には、往年の大スター長谷川一夫《はせがわかずお》が愛用していたカツラが飾ってあった。小さくて細くて、カツラだけでもハンサムということがわかる。このさい、自分のカツラ姿は見なかったことにしようと思った。

さて、結婚式当日。神社の社務所にて、着付けが始まった。広げた十二単は、見るからに重々しく、雅《みやび》だ。

「今時こんなものを着られる人は、めったにおられませんよ。しあわせなお嫁さんでございますよ！」

と、貸衣装屋さんのはつらつとした声が響く。美人で細身の、上品な着付けの先生は、助手の方ともども、だんまりして、一枚、一枚、私に着物を着せてゆく。その重さと窮《きゆう》屈《くつ》さは想像以上で、五枚目ぐらいから、もうしんどくなってきた。十二枚重ねるのだから、一枚一枚は長襦袢《ながじゆばん》程度の重さでよいだろうに、実物はきちんと着物一枚分ずつの重さがあり、それらがズシッと肩にのしかかる。自然と、呼吸が浅くなってしまう。

実をいうと私は、小学生のころからじっと立っているのが死ぬほど苦手だ。朝礼のときは、ゆらゆらしてきて、そのゆらゆらに酔ってしまい、保健室に運ばれること数回。高校生になって、校長室に呼びだされ、叱《しか》られている最中もゆらゆらしてきて、反省していないとカン違いされたこともあった。動いていないとバランスの取れない体なのだ。だから、着付けられているあいだ、ただじっとしているのがつらくて、途中で魂《たましい》が飛んで行くかと思った。

着付けの先生も、着付けるのがたいへんで魂が飛んでいるようだった。

私と先生と助手の人、三人ともだんまりしている中、貸衣装屋さんだけが大きな声で「まー雅子《まさこ》さまのようでございます！　まったく違和感がございません」と、誉《ほ》め言葉を連発し、その声が廊下にまで鳴り響いていた。皆、なんとかこの場を切り抜けようと、必死だった。

やがて、時間いっぱいになった。お化粧をすませ、「おすべらかし」のカツラを急いでかぶった。カツラのふちが、ひたいの部分とモミアゲの部分から浮いてしまって、やっぱりコントに出てくる人みたいだったが、直している時間がなかったので、そのまま式にのぞむことになった。鏡に映る自分を見たら、南方系顔の人が、白くなって、ふしぎなヅラをつけ、それがちょっと浮いていた。がーん。

しかし、とにかく時間に間に合わせなくては、という気持ちのほうが強かった。


十二単の下は、袴だ。足の長さよりもはるかに長い袴を、すそを踏《ふ》みながら歩く。

「ご自分の足で、袴を蹴《け》りながら進んでください。そうでないと、転んでしまいます」

と貸衣裳屋さんがささやく。私は「殿中《でんちゅう》でござる、殿中でござる」と心の中でつぶやきながら、袴を蹴り蹴り進んだ。ご近所の方々がカメラを手に、「まー　きれいやねー十二単」と感嘆の声をあげている。そのとき、皇太子妃雅子さまの気持ちがリアルにわかった気がした。

「マサコさんも、きっといろいろ大変なんだ」

あえてさん付けにさせていただいて自分を奮《ふる》い立たせ、袴を蹴りあげ蹴りあげ前に進み、ようやく神前《しんぜん》までたどりついた。腹痛と疲労と緊張が入り交じって、視野が狭い。雅楽の音が頭に響き、十二単の重みでくらくらする。体がゆらゆらしてきた。目の前が、砂嵐だ……。

　気がつくと、私の横に、平安貴族のごとき輩《やから》が立っていた。背の高い、色白の、筆ですーぅすーぅと描いたような顔立ちのその男は、夫だった。装束《しょうぞく》を自然に着こなし、オーダーメイドの冠《かんむり》は頭にぴったりとおさまり、完全にそういう人になっている。一瞬、どこの人かと思った。関係者も口々に「すてきねえ」「映画から抜け出たみたい」「まるで陰陽師《おんみょうじ》」と褒《ほ》め、うちの父までもが「佐田啓二《さだけいじ》（往年の映画スター）に似ている」と褒めた。

　私はすっかり「負けた」と感じ、力が抜けた。だって、普通、結婚式って嫁のほうが褒められるものでしょう……。こんなにこの衣装が似合うなんて、ずるいぞ！

　さて、その先は、立ったり座ったりするのに精一杯で、正直言ってほとんど記憶がないが、式次第にそって振り返ってみよう。

一、「修祓《しゅばつ》」……まず、祓主《はらいぬし》にお祓《はら》いしてもらって、きれいな状態になり神前に向かう。
一、「斎主一拝《さいしゅいっぱい》」……これから始めますと皆で神様にごあいさつ。
一、「献饌《けんせん》」……神前にさまざまなお供《そな》えものを捧《ささ》げる。
一、「祝詞奏上《のりとそうじょう》」……斎主が結婚にまつわる祝詞を奏上し、神様に結婚の報告をする。このときの祝詞のなかには、「東乃国与里迎閉志《あずまのくによりむかえし》」とあり、私が関東からきた嫁であることが述べられていた。

一、「三三九度《さんさんくど》の盃《さかずき》」……巫女《みこ》さんが三ツ重ねの盃に御神酒《おみき》を注ぐ。少量だったが、かなりまわった気がした。

一、「新郎新婦の誓詞《せいし》」（ちかいのことば）……これは新郎新婦本人が神様に向かって宣言するもので、祝詞と同じように、紙に書いておいたものを広げ、神前で読みあげる。私は最後に名前を言うだけで、本文は夫が全部述べた。

一、「楽の演奏」……このときは篳篥《ひちりき》・龍笛《りゅうてき》・笙《しょう》・太鼓《たいこ》による雅楽の生演奏。ホテルなどの神前結婚式ではテープのことが多い。

一、「斎主・新郎新婦・媒酌人が玉串《たまぐし》を奉《たてまつ》る」……玉串というのは榊《さかき》の枝に紙垂《しで》という白い紙をつけたもの。これを神様に向かって捧げる。

一、「親子・親族固《しんぞくがた》めの盃」……巫女さんが親族に御神酒をついでまわり、皆がいただく。

一、「撤饌《てっせん》」……お供えものを下げる。

一、「斎主一拝」……最後に神様に終わりのごあいさつ。

なにもかも本式に執《と》り行なってくださったが、残念ながらはっきり覚えているのは三三九度だけだ。とにかく、杯を口元に持っていくのさえ、つらかったな、と。

あとからできてきた記念写真を見たら、十二単はすばらしいのに私の顔は相当グロッキー気味だった。いまでも、社務所に飾られた写真を見るたびに、しょっぱい気持ちになる。しかし、それは私の個人的な恥ずかしさであって、友達や親戚は「いいものを見た」と大喜びだった。神殿の厳粛なムードも、まさにハレの日、という感じがしてよかったようだ。私自身、あんなにすごいものを着用できるなんて思ってもみなかったから、いろんな意味で一生の思い出になった。

結婚式の日の晩、血筋というものについて考えた。彼の一族は、代々あの装束を着用し、風貌《ふうぼう》もそれに合わせて進化してきたようだ。でなかったら、あんなに似合うわけがない。私の先祖は、いったいどういうものを着て、どんな暮らしをしていたのかしらん。一分とたたぬうちに、睡魔がおそってきて、眠ってしまったが。

そして、翌日の披露宴では、私も夫も知らない、神社関係の方々がたくさん来てくださり、「今後の敬神生活云々《けいしんせいかつうんぬん》」とスピーチでおっしゃっていた。これが、神社界という「組織」の空気を初めて吸った日だった。

あの独特の空気にのまれたのか、私の友人がスピーチで「どうかこの子をよろしくお願いします」と選挙の応援演説のように言って泣いた。私もつられて泣いてしまった。

西の土地での神社の暮らしが、いよいよ始まった。毎年同じ日に、同じまつりを行なう規則正しい生活。すぐ外には現実があるのに、神社の中だけは別の時間が流れている。まるで水族館の中の、水槽のようだ。私にとっては、何もかもが変わって見え、夫でさえ、今までとはちがう人のように見える。

さて、水槽の中ではいったいどんなことが起こっているのだろう。ひとまず、水槽の外壁に止まった小さな蠅《はえ》のように、その中を観察することから始めてみた。

「うちは商人です」

日頃、神社によくおまいりする人でも、社務所《しやむしよ》の中はあまり見たことがないだろう。社務所というのは、神社で仕事をする人のためのいわゆる詰所《つめしよ》である。境内《けいだい》を見回して、神様がまつってある本殿《ほんでん》、神様を拝むための拝殿《はいでん》などの他に、人が住むような普通っぽい建物があったら、それが社務所だ。

ときには、人がいるのかいないのかわからない、横溝正史《よこみぞせいし》シリーズの映画に出てきそうなたたずまいの、さみしい社務所もある。けれどうちの神社の場合は、社務所にいつも人がいて、ご用聞きの人も出入りするし、まつりのときには宴会も行なわれる。近年建て替えられたということもあって、広くてきれいな社務所である。自宅は社務所から一〇〇メートルほどのところにあり、夫はそこから毎朝社務所へ通う。通勤時間は一分なり。

ガラガラっと玄関を入ると、雅な模様の衝立《ついたて》があって、左手は広いお座敷だ。温泉旅館の中宴会場といったところ。そこにはコンロつきの座卓が五つあり、スキヤキや鍋、焼き肉ができるようになっている。

厨房《ちゅうぼう》はコンロも冷蔵庫もみな業務用。これは、調理師になりたかったというおとうさんの希望で誂《あつら》えられたものだ。私が実家の両親とともに結婚のあいさつに来たときも、会席料理をおとうさんが全部つくってくれた。ここでは、宴会のおつまみの他にも、アルバイトや巫女《みこ》さんのまかない料理などがつくられる。おまつりは年に数回でも、一度にたくさんの人が食事をするため、お店の厨房のような設備が必要らしい。

コンロの火力の強さは中華街並み、冷蔵庫に貯蔵されているおびただしい数のビールは居酒屋並み、並んだ包丁十数本、シンクも二つ。厨房を見回すと、地鎮祭《じちんさい》に使うための大きくて丸い紅白のお餅《もち》や、御神酒《おみき》をふるまう時のかわらけ（白く平たい杯）があって、ここが神社の厨房であることを主張している。

厨房を出て長い廊下を進むと、和室とお茶室。お茶室は壁が紅色で、床の間には鶴の絵の掛け軸があり、お香のいいにおいがしている。

御札《おふだ》や御守《おまもり》が並んでいる部屋は境内に面していて、外から見えるつくり。ここが受付窓口となる。その奥には、ご祈禱《きとう》を受ける人のための、待合室がある。

社務所にはお風呂もあるが、入口には「潔斎所《けっさいしょ》」という札がかかっている。潔斎とは体を清めるという意味で、ここはお風呂であることに変わりないが、意味合いとしては神主さんが仕事を始める前に体を清浄にする場所なのだ。

建物からせり出した神楽殿《かぐらでん》は、境内の庭に面している。舞台裏は社務所の廊下につながっていて、演者はここでスタンバイする。蛇腹《じゃばら》式の窓をあけると三面がオープンエアーの舞台になり、まつりのときにはここでお神楽が舞われ、のどじまんやビンゴゲーム、演歌歌手のショーも行なわれるという。上に立ってみると、広い境内のすべてが見晴らせて、とても気持ちがいい。うららかな春、そよ風も吹いてきて、ふと寝ころんで目をつぶってみた。気持ちいいなあ。

「コラッ、ここは横臥《おうが》禁止やで」

と夫の声。いままで、神社は公共の場所、公園と同じという感覚だったから、ついつい寝ころんでしまったが、本来、ここは神聖な場所。それはまかりならんのだった。なんだかもったいないなあ。昼寝にうってつけなのになあ。

社務所の見学を終えてからは、おかあさんと一緒に、ご近所に結婚のあいさつをした。ご近所のことは「樽家《たるや》」とか「図書《ずしょ》」とか「増兵衛《ますべえ》さん」と、屋号で呼んでいる。これらの家々は、もともと、屋号にまつわるお仕事をしていた家らしいのだが、それはだいぶ昔の話で、今はまったく違う仕事をしておられる。でも、どのお家も立派な旧家で、玄関に入ると、大きな切り株の衝立がどーん、と置いてあったりして、「！」である。もちろん、あいさつの仕方も本式で、お祝いは祝儀袋《しゅうぎぶくろ》に入れられ、水引《みずひき》が掛けられ、袱紗《ふくさ》につつまれ、さらにお盆にのせられて出てきた。あらためて、こういう冠婚葬祭の知識を持ち合わせていない自分に気づいたが、今さらどうしようもないので、とにかくおかあさんと一緒に、おじぎだけして帰る。恥ずかしながら、お祝いの半返しや、三分の一返しなどもこのとき初めて知った。

ご近所の他にも、「内輪《うちわ》」という家々がある。親戚ではないけれども「遠い親戚のようなもの」で、冠婚葬祭のときに互いに協力をしあう家だ。お墓も同じところにあり、年に一回夏に集まって、みんなでお墓そうじをする。この「うちわ」の方の一部にも、あいさつをしに行った。

それから、父方の親戚関係にも、ごあいさつに行った。

これまでの仕事柄、毎日のように初対面の人と話をしてきて、こういうことは得意なはずなのに、夫の親戚関係となると、何を喋《しゃべ》ってよいか分からない。なんだか口も重くなる。ある方に「あなたも、神社の娘さん？」と聞かれたときは、つい、

「いいえ！　うちは商人です」

と答えてしまった。父は商社のサラリーマンで、祖父が酒屋なので「商売人」と言おうとしてこうなったのだが、いったい自分が何時代にいるのか分からなくなった。緊張すると、人は変なことを口走ってしまうものだ。「拙者《せっしゃ》は商人でござる」と言わなかっただけでもマシだが。

あいさつまわりに関しては、苦みばしった思い出、もしくは緊張のあまり覚えていないことのほうが多いのだが、唯一、私がちょっぴり感動してココロに大切にしまっている言葉がある。四人姉妹の末っ子であるおかあさんの、ふたつ上のお姉さんのお言葉。

「水は上から下へ流れるんやで。それに逆らったかて、うまいことといかへん。自分も上から下に流れたらええねん」

旦那さんを亡くした後、女手ひとつで会社を切り盛りしてきたお姉さんの、含蓄《がんちく》ある言葉だった。私はこの言葉が気に入ってしまって、ことあるごとに、

「水は上から下へ流れるんやで～」

と唱《とな》えている。そうすると、なぜか安心するのだ。きっとご本人はそんなことを言ったことも、忘れてしまっておられるだろうが……。

親戚まわりをした後、家系図を見せてもらった。社務所の廊下で、桐の箱から出した巻物をしゅるしゅるしゅる、と延《の》ばすと、五メートルほどある。一番新しい人が夫の祖父。それから、江戸、安土桃山《あづちももやま》、室町、鎌倉、平安、奈良……と、ご先祖様の名前をさかのぼっていくと、百二十三代前、すなわち一等最初は『古事記《こじき》』に出てくる神様から家系図が始まっていた。なんだか、果てしない気持ちになった。

神主という職業

嫁に来るまで、お正月にしか神社に来たことのなかった私は、神主さんたちが普段いったい何をしているのか、どういう人がなるのか、どうやってなるのか、まったく知らなかった。とりあえず、神社で黒く長い帽子をかぶって、平安時代みたいな衣装を着てご祈禱《きとう》をしている人、それが「神主さん」だ、ということぐらいしか、分からなかった。
実際の神主さんたちは、自分たちでは「神職《しんしょく》」と呼ぶことのほうが多いみたいで、まわりの人からは「先生」と呼ばれている。先生が他の神主さんを呼ぶときも「先生」で、神主さんがたくさん集まっているときは先生がたくさんいることになる。ホステスさんがいるクラブに行った場合でも、「シャチョーさん」ではなく「せんせ」と呼ばれる。

神主さんたちは、ふだんは白衣《はくえ》に袴《はかま》という出《い》で立ちで軽作業や事務、地鎮祭《じちんさい》の打ち合わせなどをしていて、ご祈禱となると、狩衣《かりぎぬ》を着て拝殿《はいでん》へ向かう。
よく聞く「宮司《ぐうじ》さん」というのは、その神社の神主の長、リーダーのことだ。宮司以外の神主には、禰宜《ねぎ》、権禰宜《ごんねぎ》という役職がある。「ねぎ」という言葉は神様の心をなごめ、ご加護を願うという意味の「ねぐ」から由来しているそうだ。大きい神社には、宮司の下に権宮司《ごんぐうじ》を置いているところもある。

夫は、継ぐという時になってすんなりイラストレーターから神主になった。学生時代に神主の資格を取っていたからだ。彼の場合は、京都の美術大学のデザイン科に通っていたとき、夏休みに一ヵ月東京へ行き、國學院《こくがくいん》大學の講習を受けて資格を取り、正月やまつりのときには大阪の神社に帰って手伝いをしてきた。自由業だったので時間の融通《ゆうずう》がきき、行事に顔を出せていたのがよかったのかもしれない。しかし、実際にご祈禱をしはじめたのは、やはりこちらに腰をすえてからだ。

夫と同様に、代々、神職をつとめている家の息子や娘であっても、いちどは別の勉強をし、別の職種で社会人を経験してから、神職になる人はたくさんいる。実はおとうさんも、大学は電気科で、メーカーに勤めてから、講習で神主の資格を取った。

ふだんは別の仕事をしながら、まつりのときだけ神主として働く人も、講習で資格を取ることが多い。うちでも、お正月や七五三のときなどは、臨時の神主さんに応援をお願いしている。ふだんはサラリーマンだったり、美術関係の仕事をしていたり、さまざまだ。神主はお坊さんと違って、酒や煙草《たばこ》の制限もないし、山伏《やまぶし》みたいな修行もない。試験に合格し、研修を受ければ、なることはできるが、神主からの推薦状がないと、受験や講習を受ける資格が得られないという壁がある。

一ヵ月の休みを取れない人には、通信講座という道もあり、おかあさんはこれで資格を取ったけれど、かなり狭き門らしい。通信の場合でも、やはり短期間の実技研修は受けねばならない。当然、私も資格を取ったほうが、夫の不在時にもご祈禱できてよいのだが、通信教育となると飽きっぽい私にはエベレストより高いハードルである。

神主になるルートはそれだけではなくて、大学で神道学科を専攻して、みっちり勉強する道もある。國學院大學または、伊勢《いせ》にある皇學館《こうがくかん》大学の神道科に入学して必要な単位を履修《りしゅう》するのだ。この場合、四年、二年、一年といった修了課程がある。官僚でいえばキャリアだけれど、官僚と違うのは、その後の神主生活においてはとくに差がないということ。ただ、神主同士の間では、「おおっ、ちゃんと勉強した人だ」と尊敬されるそうだ。

私の友達で、雑誌記者をしていたころの担当者でもあった女性は、大手出版社を退職して國學院の神道科を受験、みごと合格した。二年間の課程を修了したあと、明治神宮《めいじじんぐう》に就職して、いまはロンドン大学に派遣されている。家が神社でなくても、そういう人もいる。

神主の講習は、シロウトの私が聞くとやっぱりちょっと変わっている。全員がどこかに集合する場合、早く来た者は、「ふりたま〜」と言いながら、両手で胸のあたりに丸い球をつくり、それを上下に振って、みなが揃《そろ》うのを待つそうだ。

のりたま、ではない。ふりたま。魂を振って、元気にするのだ。おみこしを振るのも同様の理由で、おみこしに移した御霊《おたま》の神威《しんい》を、振ることで盛りあげているのだという。物理用語でいえば、外部から運動エネルギーを与えることにより魂を活性化しているわけだ。

それに、ごはんは黙って感謝の心で食べ、全員が同時に食べ終わるようにするという。そのためどうしてもペースが速くなる。前述した私の女友達は、食べるのが遅いタイプだったので、これがつらかった、という。反省文には「あしたはもっと速く食べたい」と書いたそうだ。なんだか子供みたい……。

神主はそうやって黙って速く食べるのを訓練されているので、うちでも、どんなに時間をかけてつくった料理でも、まるで犬のように、ものの五分でペロリと平らげてしまう。

私の実家は、お酒を飲みながら、みんなが自分のことをベラベラと喋《しゃべ》り、時間をかけてごはんを食べるほうだったので、最初はびっくりした。夫に「どうしてごはんを食べるとき黙っているの」と聞くと、「小さいころから、メシのときに喋るとおやじの箸《はし》が飛んできた」と言うではないか。ま、そういう習慣であれば、仕方あるまい。悔しいので私もできるだけ、時間のかからない、素材を活かした料理で対抗じゃ!

さて、「速く食べる」ことのほかに、神主の特徴として「声の出し方」がある。ご祈禱で祝詞《のりと》をよみあげるときの、お能みたいな独特の発声法。あの声は、青果市場のセリ人の声や、電車の車掌さんの声と同様、目的に応じて特化されたものだ。セリ人が買い手に、車掌さんが乗客に向かって発するように、神主は、神様に向かって声を発する。ということは、神様に届きやすいベクトルと声質でなくてはならない。そこで日本人が考えたのが、あの発声だった。毎日毎日その発声法で過ごしているから、なんとなく、神主さんたちの声はよく通る気がする。

私は中高一貫教育の、キリスト教の学校で学んだのだが、そこでは毎朝礼拝があって、賛美歌をうたい、祈りを捧《ささ》げていた。誰かが代表で祈りの言葉を言うときは、「わたしたちの主なるイエスさま、ねがわくば云々《うんぬん》」とごく普通に喋るトーンで祈りの言葉を発する。むしろ蚊《か》のなくような声で、ボソボソと、早口で言うのが通《つう》みたいな、そういう風潮すらあった。ゆっくり、明瞭《めいりょう》に発音する神主の発声法とは対極をなしていたと思う。

ニューヨークのハーレムで黒人教会の礼拝に参加したときはまた別で、それこそテンションが上がりっぱなしだったが、おおよその白人のキリスト教の礼拝では、普通にぼそぼそ喋るのが定番のようだ。それは、基本的に神様と自分が一対一であるという、個人的関係が成り立っているからだと思う。

神様と自分との間に、「神主さん」が入って、しかも独特の発声法で個人的なお願いごとを代行してくれるという神道のシステムは、西洋人からすれば、不思議なことかもしれない。

大ヒットした宮崎駿《みやざきはやお》監督の「千《せん》と千尋《ちひろ》の神隠し」という映画の中で、十歳の主人公・千尋は、廃墟になったテーマパークを散策しているうちに「神々さま」の世界へと迷いこんでしまう。そこは、言葉を発するということが、とてつもなく重みのある世界。千尋が「帰りたい」とか「いやだ」と一言でも発したら、湯婆婆《ゆばーば》という魔女にニワトリにされて食われるか、放りだされて自己が消滅してしまう。その反面、千尋がへこたれずに「ここで働きたい」とくりかえし口にすれば、魔女とてそれを無視できず、仕事を与えてくれる。からくも仕事を得た千尋は、魔女に「尋」という字を担保にとられ、「千」という名前で働きながら、元の世界へ戻るチャンスをうかがうことになる。

こうやって宮崎駿が分かりやすく提示したように、神々さまの世界では、言葉は力。『逆説の日本史』の井沢元彦《いざわもとひこ》氏が口をすっぱくして繰り返すように、日本は「言霊《ことだま》の国」。神々さまの国で言葉を発するということは、とてつもなく重みのあることらしい。

現代社会では、ほとんど言葉の重みというのは失われているように思える。けれども、結婚式を考えてみてほしい。友人に披露宴の司会を頼まれると、ほとんどの人が緊張する。それは、「縁起《えんぎ》の悪いことを言ってはいけない、失敗しちゃいけない」というプレッシャーからだ。ガチガチに緊張して、せりふは嚙《か》み、ギャグはすべる。

そういうとき、私たちは「やっぱり司会はプロに頼んだほうがいいかもしれない……」と思う。

ご祈禱を神主に任せるのも、きっと、そういうことなのだろうと私は思う。

神々の国では、「口から発する言葉」に力があるため、願いごとは声に出したほうが効く。しかし、仮にまちがった言葉を口にしてしまったら、大変なことになる。だったら、専門職におまかせしたほうが、安心。そのほうが、効《き》きそうだもの。

という、わけで、神主が願い主のかわりに、声を出してご祈禱をするようになったのではないだろうか。

そして、神様に失礼のない作法が、次第にプロの技術として磨《みが》かれ、洗練され、神道独特の「作法」となった。さらに、人々が考える「神様に届きやすい声」が、神主の発声法となって、ああいうふうに進化してきたのではないかと思う。ちなみに、夫はホーミー（モンゴル独特の発声法）やディジリドゥ（オーストラリア先住民の吹く民族管楽器）がうまい。これも、あの独得の発声スタイルで毎日祝詞をあげているせいではないかと思う。

ご祈禱《きとう》、ご祈禱、またご祈禱

神主さんのおもな仕事、それは「ご祈禱」である。願い主と神様の間に立って、その願いを申し上げるお役目だ。

ご祈禱には、願い主の願いごとにより、さまざまな種類がある。「安産《あんざん》」は無事に健康な子供が生まれますように。「厄除《やくよけ》」は無事に厄年《やくどし》が過ごせますように。「方除《ほうよけ》」は引っ越しや新築で災《わざわ》いが起きませんように。「初宮参り《はつみやまいり》」は新生児がすこやかに成長しますように。「病気平癒《びょうきへいゆ》」は病気がよくなりますように。「合格祈願」は試験に合格しますように。……などなど。

それぞれに、お願いする神様や、申し上げる内容（これを祝詞《のりと》という）が違い、最後に願い主に渡される「おさがり」（御守や御札が入っている）も違う。同じなのは、最初にお祓いをして願い主の魂を清めてからご祈禱に入ることと、願い主が「玉串《たまぐし》」という榊《さかき》の枝を神様に捧《ささ》げること、それから最後に御神酒《おみき》をいただくことだ。これら一連の流れは「まつり」といわれ、神主が執《と》り行なっている。

ご祈禱中に読み上げる「祝詞」は、神主ひとりひとりが自分用のものを、願いごと別に持っている。祝詞用の奉書《ほうしょ》（専紙《せんし》）に、自分で墨と筆を使って万葉仮名《まんようがな》で書き、折り畳《たた》んで祝詞袋に入れ、身につける。それを神前《しんぜん》で取りだし、広げて読みあげる。漢詩のようだが、助詞が当て字で小さく書かれている。たとえば「かけまくも　かしこき◯◯神社の大《おお》神《かみ》の大前《おおまえ》に」だったら、「掛介麻久母畏伎◯◯神社乃大神乃大前爾」となる。最初のうちは、鉛筆で薄くふりがなをふっておき、慣れるまで練習するそうだ。

実際のご祈禱のときには、願い主の住所と名前を入れこんで読みあげる。だから、難しい名前や読みにくい住所の人は、神主さんに読み方を間違われないよう受付で名前を書くときにはっきりと「ふりがな」をふっておいたほうがいい。神様は、「音」で願い主を認識するとされているので、名前の読み方を間違われると、神様に願い主が認識されないことになってしまうのだという。

ちなみに、うちの神社では、受付でかならず願い主の住所と名前を読みあげて確認することにしている。私は関西の地名に慣れないので、地元の人なら誰もが知っているような地名を間違って読みあげてしまい笑われたこともあった。けれども、おかげで今では近隣の地名はだいたい音読できるようになった。

自分色は出せません！

神主の研修には「祭式行事作法《さいしきぎょうじさほう》」というのがあって、ご祈禱の作法（実技）を学ぶ課程がある。研修生のときだけではなく、どんなベテランになってからも定期的に祭式の研修を受けている。毎日毎日、何回もご祈禱をしていると、どうしても自分の個性や癖《くせ》が出てしまって、基本から離れてしまいがちだから、定期的にそれを修正するのだ。

布施《ふせ》明《あきら》のリサイタルを考えてみてほしい。彼が何千回とディナーショーやリサイタルをやって、何千回と「マイウェイ」を唄い、その結果「いまー　ふーながー　ちーかづくぅ～」と、原曲をとどめぬほどのタメをきかせていたとしても、それはひとつの表現として、聴衆の心をつかみ感動を呼ぶ。

しかし、ご祈禱は表現ではなく、ご神前での儀式である。何百回、何千回やったとしても、祝詞にタメをきかせたり、自分流のフシをつけたりするのは御法度《ごはっと》である。たとえ何万回行なっても、同じでないと、神様に通じる言語にはならない。

だが、地方によってさまざまに変化していく傾向を止めることは困難であり、方言の問題もある。そのため神社本庁《じんじゃほんちょう》では、定期的に全国から祭式《さいしき》のオーソリティーが集まって「神社本庁の公式見解」というのを定め、それを基本として、みなが研修で勉強しなおし、ブレを修正する。だから、「先生」たち神主さんの中にも、さらに「祭式の先生」という人がいて、定期的に神主さんの作法をチェックしているのだ。

ひとつの型を踏襲《とうしゅう》したうえで、神主ひとりひとりの持って生まれた声、所作などが、それを通してにじみ出てくる。個性を殺した先に生まれる個性、それは好き勝手やっているときよりも、純度が高く、濃いもののような気がする。

あまり関係ないが、朝一番でご祈禱のある日は夫は朝食を食べない。それは妻の私が朝食をつくらないからではなく、朝食を食べてしまうと唾液《だえき》の分泌が活発になり、朝一番のご祈禱で祝詞を読みあげる際に、よだれが、だー、と出てきてしまうからだ。それに「さっきまでうちでメシ食ってた」という生活感のにじんだ声が出てしまうからでもある。

神社の外でのご祈禱もある

ご祈禱には、地鎮祭《じちんさい》など神社の外でするものもある。

地鎮祭というのは、家を建てる前に、その土地の神様にごあいさつして土地を鎮《しず》め、工事の安全をお願いする儀式。

冷暖房のついていない軽トラックに、鋤《すき》、鍬《くわ》、鎌《かま》などのまつりの道具一式、土地に埋めて地霊を鎮める「鎮物《しずめもの》」、組立て式祭壇、紅白の餅《もち》や鯛《たい》や野菜などのお供《そな》えもの一式を積んでいき、さら地に祭壇を組み立てて、おまつりをして、また撤収《てっしゅう》して帰ってくるという作業をひとりで、装束姿《しょうぞくすがた》でやるという肉体労働だ。もちろん、夏には真っ黒に日焼けするし、冬場は寒くても足袋《たび》。雨天の場合はテントも必要。

また、こうした外のおまつりの場合、神社で行なうときとは違って、神様をその場所にお迎えし、おまつりが終わったらまた帰っていただくという儀式が加わる。祭壇を南向きに設置するために方位磁針は必需品だし、住宅地図はもちろん必携、前日までに現場の下見をする。予想するよりもハードなお仕事だ。

施主《せしゅ》さんから依頼がくることもあるが、だいたいは建設会社や土木関係の会社からの依頼だから、しぜんとマッチョな方々とのおつきあいも濃くなる。

それから、「神葬祭《しんそうさい》」というのは、神道式のお葬式だ。これに付随して、一年目、五年目、一〇年目などに行なう「年祭」というのもある。

その他に、お店や事務所を開くときの清祓《きよはらい》、建物の鬼門除《きもんよけ》、木を切るときのお祓い、選挙事務所の必勝祈願などが入る。事務所開きには、小さな神棚を設置し、それがそのまま使われることが多い。いずれにしろ、どの儀式も「祭典」（おまつり）なのである。

巫女《みこ》の素顔

神社に嫁に行ったというと、よくされる質問に、

「お前も巫女やってるのか？　あ、結婚してるからやらないか」

「巫女さんって、処女じゃなくちゃ、ダメなんだろ？」

というのがある。主に男性からの質問である。ご期待に添えずに申し訳ないが、私が見たところ、ふつうの神社にそういった採用基準はないようだ。

ただし、「巫女さん」といっても、神主さんの助手としてご祈禱《きとう》のときにお鈴《すず》（神楽鈴《かぐらすず》）を振ったり御神酒《おみき》をついだりする人、お神楽を舞う人、さらに神がかって神霊《しんれい》を託宣《たくせん》する人というように、大きく分けて三種類の巫女さんがいて、三番目のジャンルの人については、その土地なりのきまりがあると思うので、私にはわからない。お神楽を舞う巫女さんは、結婚をして子供を産んでも続ける一生の職業である。

家族単位で運営している小さな神社の場合、常駐《じょうちゅう》の巫女さんはいない場合が多い。う

ちでは、七五三でにぎわう十一月と、年末年始、おまつりの日に、女子大生と社会人のアルバイトを雇っている。もちろん祭典の中でお神楽を舞うのはその人たちとは別の、専門の巫女さんだ。

アルバイトの巫女さんは一般募集をしておらず、おかあさんがスカウトして教育する。おかあさんの知り合いの娘さんだったり、先輩の巫女さんの推薦だったりさまざまだが、みんな、奇跡的なほど素直で可愛い子たちである。そのうえ、言葉づかいも丁寧《ていねい》で、しぐさもオットリしている。おかあさんが作法を少し教えれば、すぐに馴染《なじ》んでできるようになる。さすが、関西の女子はしつけが行き届いているなと感心していると、

「この装束《しょうぞく》を着ると、そういう気分になるんですよ」

と、巫女さんバイト歴五年のKちゃんが教えてくれた。Kちゃんは私の結婚式のときにも巫女役をして、三三九度《さんさんくど》のお酒をついでくれた女の子だ。

「私なんか、普段は本当に短気で怒りっぽいんです。ホテルのフロントをやっているんですけど、変なお客さんには、ムカっときますよ！（思い出し怒り）」

だが、巫女さんをしているときのKちゃんは、とても短気な人には見えない。お鈴を振る姿は、天女《てんにょ》のごとく、やさしげだ。

「なんかね、この装束を着ると、やさしい気持ちになっちゃうんです。自分が、神聖なものになった気がして（笑）」

そういえば、女の職場でこれほど〝いさかい〟がないなんて、めずらしい。巫女さんが五、六人集まってごはんを食べていても、女子集団特有の邪気《じゃき》がまったく出ていない。これもあの、紅白の装束のおかげなのか。Kちゃんによれば、皆、普段の三、四割増で「いい人」になっているそうだ。

たかが着るものだと思って、あなどってはいけない。女の子が、着るものひとつで性格も変わるものだということを、私はよく知っている。いや、変わるというのはちょっと違う。どんな人にだって、素直で可愛い部分はあるのだから、その部分を、装束でちょっとクローズアップするのだ。それで自分も他人も気持ちよく過ごせるのだから、喜ばしいことだ。

巫女さんの衣装は、白衣《はくえ》と袴《はかま》である。まずは、白い半襦袢《はんじゅばん》の上に白衣。衿《えり》もとは、前も後ろもきっちり詰める（衿を抜きすぎると玄人《くろうと》風になる）。そして、緋袴《ひばかま》というスカート状の紅い袴をはいて、袴のひもを前で蝶《ちょう》に結ぶ。さらに千早《ちはや》と呼ばれる舞衣《まいぎぬ》を羽織《はお》って完成。ふつうの着物よりはるかに簡単な着付けで、袴だから動きも比較的自由だ。

しかし、この姿で掃除機をかけ、ぞうきんがけをし、授与品《じゅよひん》の袋づめをし、重い荷物のつまったダンボールを運び、参拝客の相手をし、おつりを渡し、おじぎをし、お供《そな》えものを運ぶとなると楽ではない。巫女さんといえど、その実態は労働、単純作業の連続である。それを、あのぶら～んとした袖《そで》と、まとわりつく袴でこなすのだから、自然と立ち居《たいい》ふるまいに気を使うことになる。遠くのものを取るときに、さっと袖口を押さえるしぐさ、白衣を汚さないように作業したり、ごはんを食べたりするときの、神妙かつちょっと嬉しい気分は、やった人でないとわからないらしい。

「動きにくいから、袋詰めなどの単純作業は、自分の手元にあらかじめすべてを持ってきてから、袖をまくって一気にするのです。そうしているうちに、物事の先の先を読んで、作業ができるようになる。この仕事始めてから、段取り上手になりましたよ。きっと昔の女の人って、そうだったんでしょうねぇ」

とKちゃん。

美しく、楽しく、ためになる巫女さんのお仕事であるが、つらい面もある。夏場は祭典中に蚊が自分にとまっても、はらうことができないし、冬場は足袋《たび》の内側に「あったか五本指靴下」をはき、ワンサイズ上の足袋を重ねて、さらに使い捨てカイロ足裏用を貼《は》ってもまだ冷える。年始は御神酒で酔った参拝客の方にセクハラされることも！

それでもやっぱり、巫女さんのアルバイトはどこも人気で、「えべっさん（えびす祭）」の福娘《ふくむすめ》にいたってはオーディションを開く神社もあるほどだ。

しかし、誰もが巫女さんの装束を着て似合うわけではない。本人の身も心も清潔でないと、とんだコスプレ・ショーのようになってしまう。とくに水商売メイクはかなり違和感がある。自分が「巫女さん」タイプか、「昇り龍の留《と》め袖《そで》」タイプかをよく見極めてから、巫女さんに応募しよう。

研修旅行の宴会でとなりあわせになり、意気投合した某神社の宮司《ぐうじ》さん（七十二歳）によれば、巫女さんの外見の三大条件は、

一、髪を染めていない。

二、前髪はおろさない（おでこには、神様が降りてくるから）。

三、色白。

だそうだ。さあみなさん、今日から清く正しく美しく！　巫女さんを見習って、がんば

りませう。

意外と肉体労働

おまつりやお正月のときならともかく、普段の神社は何をしているのだろう？

「社務所にじーっと座って、御守《おまもり》や、御札《おふだ》を売っている」

という、煙草《たばこ》屋の婆さんのような仕事だと、漠然《ばくぜん》と思っていたが、私の嫁いだ神社は地元民の生活に密着しているため、なにやら忙しそうだ。

まず、駅に近いということもあって、出勤前におまいりしてから行かれる方や、お散歩がてらに参拝する方など、参拝客が意外と多い。ということは、その方々のために、いつも手水舎《てみずや》をきれいにしておかねばならないし、柄杓《ひしやく》やお手拭きなども、欠けがあってはいけない。

よく見たら、七、八本ある柄杓のひとつひとつ、お手拭きの一枚一枚に、奉納した人の名前が書いてある。神社には、奉納するものを指定してお金を寄付する人もいて、柄杓一本、提灯《ちょうちん》一対、燈籠《とうろう》、鳥居、玉垣《たまがき》など、好きなものを指定してそのぶんのお金を寄付すると、寄付した人の名前が書かれる。神社のいたるところ、あらゆるものに呪文《じゅもん》のように人の名前が書いてあるのはそのためなのだ。

また、「もの」の代金ではなく、「そのもの」が奉納される場合もある。たとえば、鈴《すず》の緒《お》。お賽銭《さいせん》箱の前には鈴があって、鈴の下についた「ひも」（これを鈴の緒という）を揺らして鈴を鳴らし、おまいりをするのが参拝のお約束だけれども、この鈴の緒にも、よく見たら名前が書いてあるのだった。これは、年に一度、お正月になると取り替えるもので、年末に紅白のサラシを奉納すると、自分の名前が書かれる。その際、「厄除《やくよけ》」「良縁」「無《む》病息災《びょうそくさい》」などの願いごとも書き入れられる。

こうした神社内の「もの」の管理には、時間と手間がかかる。毎日誰かが、切れた提灯の電球を替え、破れた提灯を替え、あじさい園の古い土塀《どべい》が水やりで崩れぬように板を立てかけ、賽銭泥棒（他すべて）に壊された賽銭箱を修理し、雨どいにつまった落ち葉を落とすなどの作業をしている。

台風のときには、拝殿《はいでん》やお末社《まっしゃ》の瓦《かわら》が飛ぶのも心配だし、通り過ぎたあとに、屋根上の狛犬瓦《こまいぬがわら》が倒れていることもある。日曜大工と、本当の大工の中間みたいな仕事が多いから、神社にはそれなりの道具が揃《そろ》っている。

室内作業には、「おさがり」の用意がある。ふつう、「おさがり」というと、目上の人からもらう古いもののことを指す。お姉ちゃんやお兄ちゃんの「おさがり」の服を着る、という具合に。だが、神社で「おさがり」といえば、神様からの「おさがり」のこと。すなわち、お供《そな》えものをとり下げたもののこと。

これらは正しくは「撤饌《てっせん》」といわれる。日々お供えされる果物や野菜のほかに、参拝者やご祈禱の願い主に授けることを前提にした菓子などの撤饌もある。梅干し、おこし、おかき、あめ、砂糖、昆布、昆布茶、奈良漬《ならづけ》、赤飯、焼き海苔、煎茶、四万十川青海苔《しまんとがわあおのり》、ピーナツせんべいなどなど、めいめいの神社で発注、用意しているものだ。

ご祈禱《きとう》の願い主には、祈禱内容に応じた品が神前でお祓いされ、「おさがり」として渡される。初宮参りには、誕生記やお食い初め式の食器類。車のご祈禱には、交通安全のステッカー。厄除には、福盛《ふくもり》しゃもじ。方除《ほうよけ》には、清めの砂。これらの品に、熨斗《のし》紙を貼ったり袋づめしたり、焼き印を押したりする作業を私たちは「内職」と呼んでいる。とくに、総代《そうだい》さんが地域をまわってお初穂《はつほ》を集めてくださる秋まつり前と、お正月前には内職の量が増えて、「鬼の内職ウィーク」となる。

まったりして見える神社の日常は、細かなことの積み重ね。土塀の瓦の下にスズメバチが巣をつくったり、カラスが昆虫や小鳥の死骸を手水舎に置いていこうとしたり、瀕死《ひんし》のネコが居座ったり、燈籠《とうろう》の中にハチの巣があるので取ろうとしたら逆襲されたり、動物にまつわる作業も数知れず。

要は、小学校でいう、用務員さん的な仕事が多いということです。

そしてもちろん、一日に数件から十数件のご祈禱があり、出張祭典がある。定期的に神《じん》社庁《じゃちょう》各組織の会議があり、研修があり、宴会もある。と同時に、いくつもの小さなまつりがあり、七五三があり、正月がある。総代さんへのお手紙配りがあり、お礼まわりがある。神社という信用ゆえか、地域の役職も任される。それでもって年中無休。

八年間のひとり暮らし歴がある私は、仕上がりのクオリティさえ無視すれば、おおよその大工仕事は自分でできるという自負があった。が、都会ッコだから薪《まき》割りはしたことがなくて、神社に来て初めて経験することになった。

境内《けいだい》の一角には、地元の大工さんが廃材を置いていってくれる場所がある。この廃材を細かくして、おまつりのときに使う薪として利用するのだ。要は、大きめの廃材に、角材をのせて、斧《おの》を振り下ろすだけ。しかし、実際にやってみたら斧が角材にささって抜けなくなり、ちっとも割れない。その横で、夫はすぱーん、すぱーんと大きいやつを割っている。ムカっときて思いっきり力を込めると、今度は打点がずれて土台にささってしまった。そのつぎは木を通り越して自分の足にささりそうになった。

そこへおかあさんが通りかかり、私のヘッピリ腰を見て「あはは」と笑った。あらゆる大工仕事に万能のおかあさんは、薪割りなどお茶の子さいさいだ。腕っぷしには自信があった私だが、自分の情けなさに、少々へこんだ。しかし、いくら力を入れても、斧は角材の端っこにささるだけ。

そこへ夫が一言、

「斧が木に当たるまで、よく見たらええねん。野球とかテニスと同じ」と言った。

す・る・と！　角材が、ぱかっと割れた。

何ごとも、コツがかんじん。そういうことをひとつひとつ覚えられる神社の仕事は、肉体労働です。

一に掃除、二に掃除

おとうさんが神社の仕事を説明してくれたとき、いの一番に言ったせりふが「神社の仕事は、一に掃除、二に掃除」だった。

私は、心の中で「what?」と叫んだ。神社とは「一におまつり、二に宴会」、境内の掃除は、お掃除係がやるものだと思っていたのだ。お前はお嬢様か、とつっこまれても仕方があるまい。

神社は誰でも入れる場所で、自然もたくさんある。放っておけば、ごみや落ち葉ですぐにきたなくなってしまう。あれだけスッキリとした清浄《せいじょう》な空間が保たれているということは、こまめに人の手が入っているということだが、掃除係を雇《やと》えるほど潤《うるお》っている神社などそうそうない。私が初めてこの神社に来たときも、

「なんか清潔そうな神社だわ～」

と感じたが、それは、おかあさんが毎日せっせと掃除していたからなのだった。

ここは、神様がおまつりされている、みんなの大事な場所。そういう意識を持ってきち

んと掃除すれば、おまいりも増えるという。

見回してみると、境内には楠《くす》の木や、椿《つばき》や、カリンなどの巨木が生えていて、その落ち葉ときたら、焼き芋が千個はできる量である。落ち葉が土に返り、自然更新するほどの巨大な森であれば問題はないが、境内の森は小さく、落ち葉は玉砂利《たまじゃり》のほうへ飛ばされ、さらに境内をはみ出て道路へ、そして、よそさんの敷地へ……ということになるので、落ち葉集めは神社職員にとって欠かせない仕事だ。

この仕事に参加してくださるボランティアの方が二名おられる。おひとりは年配の男性の方で、「むかし、かあちゃんに苦労かけたから、そのつぐないで」なんて照れながら掃除をしてくれる元大工のおっちゃん。犬好きでもあり、うちの犬にイカの薫製《くんせい》をくれる。もうおひと方は、几帳面《きちょうめん》で、掃除の仕方もこだわり派。その方が掃いたあとは、落ち葉ひとつないという完璧《かんぺき》主義のおっちゃんである。その他にも、ときどき、すぅっと現れては、掃除をしていってくださる「影のボランティア」の方、名も告《つ》げられず屋外のトイレを掃除してくださる「あしながおじさん」のような方もいる。

玉砂利《たまじゃり》の上に飛んだ常緑樹の落ち葉は、「くまで」(「さらい」ともいう)でかき集め、松葉やゲジゲジした実などは、竹ぼうきで掃く。竹ぼうきは思ったよりも重いので、レレレのおじさんのように素早く掃けないし、すぐに手の皮がむけてしまう。「おかあはん、バンソーコーください」と頼んだら、おかあさんは、

「軍手してやったほうがええで。私はもう、皮が固くなってるから大丈夫やけど」

といって手をチラっと見せてくれた。すると、おかあさんの手は、竹ぼうきを握るところ、親指の付け根の皮が固くなっていた。他の神主さんによると、それは「ほうきだこ」というのだそうだ。ギター弾きやバイオリン弾きの指先が固くなったり、受験生にペンだこができたりするのと同じで、ほうきを握る人には、ほうきだこができる。初耳だった。

集まった落ち葉は、「箕《み》」という道具で受け、燃やしたり、肥料にしたり、ゴミに出したりする。ちかごろは、落ち葉焚《た》きにも近隣のマンションから苦情が出るので、おちおち燃やしていられないし、ゴミを出すにも制限量があるので、この三パターンをうまく組み合わせてやりすごしているそうだ。

そしておかあさんは、この朝の掃除時間帯すなわち七時から八時のあいだに、参拝客の方々とお話をしている。年配の方々は、早朝、参道を通っておまいりにみえるので、この時間帯に掃除をしに外に出ていると、自然にごあいさつができる。天気のこと、健康のこ

と。何気ない朝のひとことが、地元の人たちの情報交換に役立っている。

寝坊大臣の私には、まだまだ無理だが、おかあさんを見習って、じょじょにできるようになっていこうと思っている。あくまでも、じょじょに!

二章

ちょっと舞台裏

まつりの前日

四月十四日。明日は春まつりなので、おとうさんとお姉さん（夫の姉）と一緒にお供《そな》えものの調達に行くことになった。お供えものは、シンセンとも呼ばれる。漢字で書くと「神饌」、神様に捧げる食べ物。米・餅・酒・塩のほかに、海のもの、山のものなどを取りそろえる。農家の氏子《うじこ》さんが土地でとれるお米や野菜を奉納してくださるし、お酒も奉納があるけれど、それ以外のものは、神社が買って調達するのだ。むかしは神域《しんいき》にも山があり、それなりに作物も採《と》れたそうだが、町中の神社になった今では、お供えものも買いそろえる必要がある。

春といえば、たけのこ。春の息吹《いぶき》を感じさせるその姿はお供えものにふさわしく、まつりの後にはスキヤキの具となって総代《そうだい》さんたちの胃袋に入る季節の食材だ。おとうさんは、「京都の山に買いに行くで」と言って、作務衣《さむえ》姿でバンに乗りこんだ。お姉さんと私も後につづく。

うちは大阪府といっても京都との境目にあるので、神社から二〇分ほど車を走らせると、京都府の八幡市《やわたし》というところに入る。そこには、男山《おとこやま》という山があって、その頂上には源氏《げんじ》の守り神として有名な石清水八幡宮《いわしみずはちまんぐう》がある。

男山は、淀川《よどがわ》、木津川《きづがわ》、桂川《かつらがわ》が合流する地点を見おろす風光明媚《ふうこうめいび》な山。京阪《けいはん》電車「八幡市駅」からケーブルカーでも登れる。山麓《さんろく》一帯は竹林となっており、朝掘りのたけのこを直売している。さしみで食べても苦味のない「京都の朝掘りたけのこ」だ。しかも八幡の竹は、エジソンが電球を発明するときに、フィラメントとして使ったという、すごいやつ。いろんな国の、いろんな種類の竹をエジソンが試してみた結果、日本のここの竹が一番よい、という結論に達したらしい。八幡宮の神苑《しんえん》にはその記念碑も建っている。

おとうさんは「せっかくだから」と男山のてっぺんまで登り、石清水八幡宮へ連れていってくれた。

男山は京の都から見て南西（裏鬼門《うらきもん》）の方角にある。北東（鬼門）の方角に位置する比叡《ひえい》山延暦寺《ざんえんりやくじ》とともに、都を鎮護《ちんご》する役目を果たしてきた神社なのだ。

その石清水八幡宮は、新米神主のための研修道場でもあり、私の友達もここで合宿した。先輩たちはかなりの豪傑ぞろいであったと聞いている。

石清水での参拝もすませ、いよいよたけのこを探しに行く。車で下っていく途中、竹林の脇にはいくつかの屋台がおかれて、掘り出してきたばかりのたけのこがごろごろ並んでいる。

「うーむ、まだ小さいのばっかりやな」

おとうさんがつぶやく。その中でも、比較的大きいのを並べている屋台の前で車を停《と》め、

「大きいのからくれぃ」

と、十数本の大きなたけのこを買った。しめて三万円也。あっという間に大きいたけのこをぜんぶ買い占めてしまったので、その屋台には、もう小さいのしか残っていなかった。そのはやわざに、まわりのお客さんが目を丸くしたので、おとうさんは、

「今日は春まつりで、お供えにしますねん」

とちょっぴり申し訳なさそうに言った。

それから市場へと向かい、うど、やまぶき、ごぼうなどと、乾物《かんぶつ》（するめ・高野《こうや》豆腐・かんてん・かんぴょう・しいたけ）を購入。

さらに果物屋さんでバナナ、いちご、びわを手にいれた。当社では、お供え物には、「海のもの」「山のもの」といった大きなくくりだけで、その品目までくわしくきまりはないので、季節のものや土地で採れるもの、その年に豊作だったものなどを、神前《しんぜん》に並べたときの見た目のよさや季節感などを考慮して選ぶ。

神社によっては、お供えものの品目やその調理法が細かく決められていたり、逆に「供えてはいけないもの」があったりするという。

神社へ帰ると、お餅屋さんから小餅が届いていた。それを二つ重ね、榊《さかき》の葉を一枚のせて、麻紐《あさひも》でくくって「お供え餅」にする。これはお供えされたあとに「おさがり」としてお礼まわりに配るもので、一二〇個ぐらいつくる。麻紐の結び方にもきまりがあって、私は最初「逆結《さかむす》び（葬式結び）」になってしまったりしたが、そのうち正しくできるようになった。

このほか、前日のうちに忘れずにやることとは、手水《てみず》の桶《おけ》に、水をはっておくことだ。まつりが始まる前、祭員《さいいん》と神楽方《かぐらかた》や総代さんたちが手と口をすすいで清める水。その水をためておく桶は、乾いていると継《つ》ぎ目から水がこぼれてしまうので、前日から水をはっておく。すると、木が膨張して、水がこぼれなくなる。
いよいよ明日は春まつり！　私にとって、はじめてのまつりだ。

春まつりと〝のらねこ一家〟

春まつりの朝は、魚屋へ鯛《たい》を取りに行くことから始まる。「うろこもわたも取らずに、そのままでヨロシク」と注文しておくのだ。やさしい魚屋のおじさんが「そんなきれいな服に匂《にお》いがつくとアカンから」と言って自転車のかごまで鯛を運んでくれた。以後、鯛を取りに行くときにはジャージを着ることにした。鯛は、神職《しんしょく》が麻紐《あさひも》で口と尾ひれを結び、ぴちぴちとはねているような格好にし、お皿にのせて、さらに三方《さんぽう》にのせ、神前《しんぜん》にお供《そな》えする。

一般家庭なら、まるまる一匹の鯛が神棚や食卓に並ぶことなどまずない。海なし県で育った私は切り身に時々お目にかかる程度だったから、興奮した。とくにこの時期の鯛は、ホルモンの作用によって腹が赤くなり「桜鯛《さくらだい》」と呼ばれる。桜鯛は、大昔からおいしい魚として喜ばれたもので、『日本書紀《にほんしょき》』のなかでも「赤女《あかめ》」という名で出てくる。

おいしいお魚とくれば、人間以外にも狙《ねら》っているやつがいる。ズバリ、のらねこだ！　境内の森には黒いのらねこ一家が住み着いていて、すきを狙ってはお供え物をくわえて逃げる、というサザエさんのエンディングみたいな光景が現実に繰り広げられる。のらねこ一家は栄養状態がたいへんよろしく、まるまると太っていて、おまけに体が黒いので「縁《えん》起《ぎ》が悪い」と、評判が悪い。ほんとうは、黒猫が縁起が悪いという発想じたいはそもそも西洋由来のもので、日本にはないそうだけれど……。

知られざる「まつり」

そうこうしているうちに巫女のYさんが手伝いにきてくれて、拝殿《はいでん》を掃除したり、神主さんたちと一緒に、椅子《いす》や太鼓《たいこ》、緋毛氈《ひもうせん》（赤いフェルトのじゅうたん）を「まつり仕様」に配置換えしてくれたりする。

祭典の時間が近づくと、総代《そうだい》さん（氏子《うじこ》の代表者）と、お神楽《かぐら》の人たちがやってくる。総代さんは、大きいお座敷へ。お神楽の方々は、控え室へとご案内。神様の前に出るときは基本的に正装なので、総代さんがたはスーツを着てこられる。祭典のときには、スーツの上からさらに「小忌衣《おみごろも》」というお殿様みたいな上着をつける。

時間がくると、「まつり」に参列するすべての人々が手水《てみず》で身を清める。柄杓《ひしやく》で水をくみ、参列者の手のひらに三度にわけて水をかけると、参列者が「左手、右手、口」の順に水で洗う。そして半紙で手をふいて、拝殿へ上がる。神主さんや巫女《みこ》さんは、袖《そで》の長い装束《しようぞく》を着ているので、手水で清めるときには濡れないように袖を後ろの人に持ってもらう。

お祓《はら》いの後、拝殿に上がって「おまつり」が始まる。祝詞奏上《のりとそうじよう》のあと、お神楽の奉納となる。お神楽の人たちは「いちんどん」と呼ばれていて、この地域で代々お神楽をつとめてきた一家。男性は笛などの楽器を担当し、舞を舞うのは巫女姿の女性。普通にしていると、気さくな、いまどきのねえさんたちなのに、お神楽を舞い出すと迫力があって目がくぎづけになる。つるぎを振り回しつつ、二人一組で闘っているような舞、これは、「浪速神楽《なにわかぐら》」というのだそうだ。しかし、このお神楽は神様に対して舞うのであって、みんなに見せるためのものではないという。神楽が終わると、神主と総代さんが玉串《たまぐし》を神様に捧《ささ》げ、御神酒《おみき》をいただき祭典は終わる。

　春まつりは、神職と総代さんたちだけで行なわれているので、世間的にはほとんど知られていない。お祓《はら》いをして身を清め、お供えをし、祝詞を奏上、お神楽を奉納し、「玉串」を捧げる、ということが、淡々と進んでいく。

　それは、私が知っていた「まつり」とは、ずいぶん雰囲気が違う光景だった。私が抱いていた「まつり」のイメージとは、さぶちゃんの歌に出てくる「まつり」であり、露天商のあんちゃんが来る「まつり」であり、御輿《みこし》をかついだり盆踊りをしたりする「まつり」であり、「ねぷた」とか「よさこい」とか「だんじり」のようにひたすら威勢のよいもの。

　しかし、実際に見た春まつりは、早朝にひっそりと行なわれていて、それは今までに見たどんな「まつり」より、ホーリィで家庭的で、むしろロシアの田舎を連想させるような、こぢんまりしたものだった。私が抱《いだ》いていたような、一般的なイメージの「おまつり」は、正式には「神にぎわい行事」というものらしい。

　それにしても、こんなに地味なおまつりを二千年も続けてきたのはなぜなんだろう。お供え物はぜんぶ生だし、餅も手作りだし、誰も見ていないのに（神様は見ているけど）、何ひとつはしょっていないし、みんな正装している。誰に見せるためでもなく、観光客を呼ぶためでもなく……。

おとうさんは、「毎年同じ日に、同じことを続けていくということが大事」と言う。それは、梅や桜が毎年ちゃんと咲くのにも似ている。どんな人でも、季節や環境の影響を受けずに生きていくことはできない。人間の生活は、繰り返す自然のリズムとともに進んでいく。夜の次に朝がきて、冬の次に春が来て、梅のあとには桜が咲く。神社は、自然界をお手本にしている。

だから毎年同じ日に、同じことをして変更しないというのが命題であり、たとえそれが人目にあまり触れなくても、必ず行なわれているという事実が、その地域に安定感をもたらすと信じて、続けているのだ。

春まつりは、小粒でピリリとしたおまつりだったが、私には、とても大きな意味を持つ「まつり」になった。

ナオライとは何ぞ

神社では、おまつりのあとに「直会《なおらい》」というのがある。なぜ、この漢字で「なおらい」と読むのだろう？　ひょっとして、何かおそろしい儀式を秘密裡《り》に行なうのだろうか？

こういうときは、國學院《こくがくいん》大學に通う友達からもらった『神道事典《しんとうじてん》』を引くにかぎる。

「直会とは、祭りにおける酒宴行事のこと。一般には祭典終了後、神饌《しんせん》（神さまにお供《そな》えしたもの）を下げてそれをいただく宴会とされているが、直会は祭典を構成する一つの行事である」

と書いてあった。直会の語源には、「まつりから平常になおる」「一同会する」など、諸説あるらしい。神様が食べたあとの、その神威《しんい》のこもった食物を皆でいただき、感謝と新たな気持ちを持つという行事だ。

なんだ。要するにお供え物を下げて、みんなで食べたり飲んだりするってことか。お供えの鯛を、のらねこ一家から守る理由も、これで明らかになった。もちろん、まつりに参加した総代《そうだい》さんと神職《しんしょく》が直会に参加するのであって、嫁の私が飲み食いできるわけではない。だが、直会という制度は気に入った。

まつりと、そのあとの直会に参加する「総代さん」とは、氏子《うじこ》の代表である。土地には土地の神様がいて、その神様のナワバリ内に住んでいる人々のことを「氏子さん」という（ナワバリ外にお住まいだけどもその神社を崇敬《すうけい》している人々のことを「崇敬者《すうけいしゃ》」という）。そして「氏子さん」のうち、徳望が厚い人の中から選ばれた世話人的役目の人々が「総代さん」。彼らは、神社の維持にかんして神職に協力するほか、まつりごとの際にも大活躍する。幕や結界《けっかい》を張ったり、献燈《けんとう》（提灯《ちょうちん》）をかかげたりする力仕事、そして、氏子さんたちからおまつりのための初穂料《はつほりょう》（寄付金）を集める仕事。顔が広く、人望が厚く、体力もある人でないと、つとまらない。必然的に、地元でも尊敬される年長者、いわば顔役の集まりとなる。「直会」は、そんな総代さんたちへの、ささやかなねぎらいの場でもある。

春まつりの直会は、うちでは昔からスキヤキと決まっている。私たち女衆《おんなしゅう》（神主さんの奥さんや、お姉さんや、おかあさんや私）は、厨房で具を切ったり、席をつくったり、酒をあたためたりする。

席でスキヤキをつくってくれるのは、プロのおねえさま方（元芸子《げいこ》さん率いるコンパニオン集団）。関西では、スキヤキで「わりした」を使わないので、牛脂で肉を焼き、そのあと野菜を入れ、その上に、砂糖を山盛りに載《の》せ、しょうゆをかける。野菜から出る水分と、砂糖じょうゆで煮るので、必然的に、濃ゆ〜いスキヤキができあがる。私は、関西人が薄味が好きというのは絶対にうそだと、このとき確信した。

スキヤキも濃いが、総代さんのキャラクターも濃い。うちの神社の総代さんがたは、力はあるし仕事は速いしお酒も強い。七十代の方が中心で、農家の方、自営業の方、引退された企業のおえらいさん、元議員の方など職種はさまざま、みなさん年より十歳以上若く見えるので、実際の年を聞くとびっくりしてしまう。

ある総代さんは、私の前で『教育勅語《ちょくご》』全文をそらで読みあげてくださった。しかも、「小学校のときの校長先生が朝礼で壇上に上って、教育勅語の巻物を広げるところ」の物まねつきで……。その校長先生のまねが、とても上手だったので、私も朝礼に参加しているような気持ちがした（幼少時にすりこまれた記憶というのはすごい）。今まで、そんなネタを披露《ひろう》してくれるような知り合いはまわりにいなかったので、新しい世界が開けた気がした。

そんな強者《つわもの》たちが二〇人ほど集まるのだから、ビールのびんはどんどん出ていき、日本酒の一升瓶が何本も空《から》になる。

宴が始まってしばらくしたころ、私たちの結婚を総代さんたちに報告することになった。

我々夫婦が金屏風《きんびょうぶ》の前に正座すると、ずらっと一直線に並んだお膳の前に、黒スーツを着た総代さんたちが座ってこちらを見ている。それまで盛りあがっていたのに、なぜだか「しん」となった。そして二人で総代さんたちのさかずきに酒をそそいでまわり、全員で乾杯。静けさと、妙な間が、北野武《きたのたけし》の映画のようで、そのスジの襲名披露みたいだ。

それから祝膳《いわいぜん》が用意され、とくべつに、元芸子のねえさんがたが、「祝い舞」というのを舞ってくれることになった。最初は日本舞踊「連獅子《れんじし》」などだったが、三曲目は「祝い船」という演歌に合わせた男舞《おとこまい》で、せんすを帆に見立てて頭の上に乗せ、着物の裾《すそ》をはだけて足をふんばったりしている。こういうのは初めて見た。もはや、どう考えても自分が任侠《にんきょう》映画の中に入りこんだとしか思えなかった。

直会はお昼ごろには終了し、春まつりはほぼ午前中で終わりを告げた。最後に、総代さんに「撤饌《てっせん》（神様からのおさがり）」をお渡しし、送りだしたら、あとは片づけで終了。しかしおかあさんは、まつりの後も、出席できなかった総代さんのお宅を訪ねて撤饌を渡したり、お供えをしてくれた氏子さんの家へお礼に行ったり、フォローに忙しい。旅館のおかみさんや、社長秘書、はたまた銀座のクラブのママ同様、マメさが求められる仕事らしい。将来自分に、そんなことできるのか、謎である。

カミナリの御札《おふだ》

うちの神社には、五月一日にだけ授与する御札《おふだ》というのがある。それは、雷《かみなり》の御札。和紙に手で刷って木彫りの印を押した、正真正銘《しょうしんしょうめい》の手作りの御札で、初穂《はつほ》料は五十円。正確には「雷除之札《かみなりよけのふだ》」といって、雷雨など天候の災害を除ける役目をするもの。「天神《てんじん》さん（菅原道真公《すがわらのみちざねこう》）」にまつわる御札で、当社では五月一日に授与《じゆよ》している。農家の納屋《なや》など、カミナリの被害を避けたい場所におまつりするものだ。ちなみに我が家では、犬小屋に貼っている。犬はカミナリが嫌いだから貼ってみたのだが、うちの犬はカミナリの日でも爆睡《ばくすい》していた。

「天神さん」という雷雨の神様は、九世紀以前、すなわち菅原道真公がこの世に生まれる前から存在していたという。その後、平安時代に菅原道真公が神様になって、この「天神さん」と合体した。

だが、道真公は、天神さんと合体する前、亡くなった当初は怨霊《おんりよう》として恐れられていた。〝怨霊界〟では「東の平将門《たいらのまさかど》、西の菅原道真」というくらい、有名な話だというが、当然私には初耳だった。

さっそく菅原道真が「天神さん」になったいきさつを、『神道事典』などで調べてみた。

時は平安時代、道真公は学者で詩人であった。政界でも出世して、右大臣にまでのぼりつめた。しかし、醍醐《だいご》天皇の昌泰《しようたい》四年（九〇一）、無実の罪をきせられて九州太宰府《だざいふ》に左遷《させん》され、その地で無念の死をとげる。道真の死後、彼をおとしいれて左遷に追いこんだ人物が次々に死に、皇太子など天皇の一族にも死者が相次ぐ。さらに宮中には雷が落ちた。こんなに不吉な事件が続くのは、きっと菅原道真公の祟《たた》りだ、と考えられた。

おそれをなした朝廷は、道真公の祟りを鎮《しず》めるため、その官位を上げ、国家的な守護神としての地位を与えることにした。だから、もう祟りはやめてね、と怨霊である道真公にお願いしたのだ。これが結果として道真公を神格化する動きにつながった。民間宗教者は、神格化された道真公を、雷雨を司《つかさど》る「天神」と習合《しゅうごう》させた。ここで、「道真公＝天神さん」という図式が成立したのだった。

鎌倉時代に入ると、道真公の御霊《みたま》は「天神」という名のもとに仏教の理論と習合し、さらなる強力な神になっていく。それが「天満大自在天神《てんまんだいじざいてんじん》」。この神は、「天候・カミナリの神としての天神＋神話のアマツカミとしての天神＋道真公の御霊＋漢神《かんじん》＋密教の護法神《ごほうじん》」の習合体。かなり強力なバージョン・アップがなされたことになる。

天神信仰はますます盛りあがって、中世になると、道真公が生前は学者で詩人であったことから「学問の神」としての機能も生まれたし、無念の死から神になるまでのいきさつにちなんで「無実の罪をはらす神」としての機能も生まれた。さらに書道・和歌の神にもされた。こうして、天神さんは、ありとあらゆるお願いを引き受ける神として、全国つつうらうらに、崇敬者《すうけいしゃ》を増やしていった。

それにしても、道真公は、太宰府に左遷されたことが、そんなに、憤死《ふんし》して怨霊になるほど、嫌だったのだろうか。私が思うに、九州は、あったかいし、おいしいものがたくさんあるし（平安時代はわからないが）、学者だったら、むしろ世間の出世競争から離れて、ゆっくり研究できていいのでは、と思ってしまうのだが。

ひょっとしたら、左遷以外にも、すごい「いじめ」とか「いやがらせ」とか「ぬれぎぬ」があったのだけれど、隠されているのかしらん。その辺のことを知っている人がいたら、ぜひ教えていただきたい。

ともかく、死んでから評価が上がる、というのは世の常だけれど、神様の地位にまで達するにはなんらかの強い要素、きっかけが必要だ。道真公のばあいは、偶然にも、彼をいじめた人物が次々に死に、雷まで落ちた。そうした偶然と道真公とを直結させた「怨霊」という概念、これが古代人のモラルをコントロールしていたのだろう。

たとえば、

「どうして人を殺しちゃいけないの？」と質問したとする。

古代人なら、

「そりゃあ、怨霊に祟られるからサ」

と即答するだろう。現代人は、この問いに答えるためには、ものすごく時間がかかる。ものごとが、とても複雑になってしまったから。


怨霊という概念がなくなったら、こんどは人が人に対して、目には目を、の制裁をくわえねばならない。そうなったら、永遠に、復讐がくりかえされる。怨霊を失いつつあることとは、ものすごくこわいことなのかもしれない。犬小屋に貼ったカミナリの御札を見ながら、そんなことを考えた。

販売ではなく「授与《じゅよ》」

六月、ふと気がつくと、狛犬《こまいぬ》のかたわらに立つ梅の木の下に、青々とした実が落ちている。梅雨《つゆ》だなあ、鬱陶《うっとう》しいですなあ、なんて言っているあいだに、梅の実は黙ってまじめに成長しつづけ、いつのまにかふっくら可愛くなっていたのだった。

できた梅の実は焼酎《しょうちゅう》に漬けられて、おかあさん特製の梅酒になる。おかあさんは実験家なので、焼酎でないお酒に漬けてみることもあって、そういう場合は梅酒用の大きな瓶《びん》に、太マジックで大きく「ヘネシー」などと書いてある。私は「ヘネシー」と聞くと、かの八〇年代、バブル経済の頃に不動産業者がふかふかのソファーで飲んでいた姿が目に浮かび、しばし茫漠《ぼうばく》とした思いにかられるのだが……。

こうして境内《けいだい》における初夏の収穫は、大きな瓶《びん》の中、いろんなお酒に漬けられて、いろんな味になり、社務所の厨房《ちゅうぼう》や納屋《なや》に並ぶ。秋に落ちてくるカリンの実は、はちみつ漬けや焼酎漬けになる。それらはお客さんが来たときにお出ししたり、ご近所の人にさしあげたりする。

梅は「天神《てんじん》さん」こと菅原道真公《すがわらのみちざねこう》がもっとも好んだ木であり、それゆえ天神さんの紋も梅。だから、「天神さん」と呼ばれる神社、もしくは、天神さんをおまつりしている神社には、かならずと言っていいほど梅の木がある。うちも天神さんをおまつりしているから、参道の両側に紅白の梅を植えているし、土塀の外にも、梅の木がある。その梅酒をいただけば、天神さんの御利益《ごりやく》があるかもしれない。

京都の北野天満宮《きたのてんまんぐう》ともなると、立派な梅園に五〇種類、二千本もの梅がある。実った梅は、六月に神主さんや巫女さんが総出で収穫して塩漬けし、さらに七月には土用干《どようぼ》しして梅干しにする。できた梅干しは十二月十三日に「大福梅《だいふくうめ》」として裏白《うらじろ》（葉の裏が白い縁起物の植物）と一緒に有料で授与されるというあんばいだ。

ニュースで見たことがあるけれど、十三日の北野天満宮は、大福梅を求めるおばちゃんたちで押すな押すなの大にぎわい。私はそれを見て、クリスマス・イブに銀座のティファニーに突撃した日のことを思い出した。自分たちと似たようなカップルが、満員電車のごとき店内で押すな押すなの大にぎわい。あのとき、私と夫は、ティファニーが欲しかったのではなく、ティファニーに突撃する自分らがおもしろくて、はしゃいでいた。おそらく、大福梅に群がるおばちゃんたちも、師走《しわす》の一大イベントとして、楽しんでいるのだろう。

二十代前半の私なら、「梅干しごときに熱くなるなよ」と毒を吐《は》いたにちがいないが、現在の私は、ティファニーよりむしろ大福梅への突撃を希望する。が、十三日はお正月の準備を始める事始《ことはじ》めの日、外にでかけられないので、今年もニュースで楽しもうと思う。

この、天神さんの大福梅は、正月に白湯《さゆ》に入れて飲めばその年の招福息災《しょうふくそくさい》になるといわれる。神社で収穫されるものには、「ものの価値」に「ごりやく」という付加価値がつくのだ。

神域に生えていた梅を、神聖な人たちが加工した、ごりやくがある梅干し。しかも、白湯に入れて飲んでしまえばもうおしまい、というようなキエモノに対して吶喊《とっかん》する（鬨《とき》の声をあげる）のが、おばちゃんたちの美学である。ものを買うのではない。ごりやくを受けるのだ。

だから神社も、けっして「売る」とはいわないで「授与」という。これは、御守《おまもり》や縁起物についても同じ。たとえ決まった値段のお金と引き替えでも、「売る」とはいわずに「授ける」といわねばならない。

神社に入る前の私は、まつりのポスターなどで「吉兆授与」などと書いてあるのを見て「ただでくれるのか」と漠然《ばくぜん》と思っていたが、それは「授与」の意味を、はきちがえていたのだった。ちなみに、参拝者サイドは、「買う」ではなく「受ける」という。だから「御守を買う」のではなく、「御守を受ける」というのだ。ややこしやー、ややこしや。

ケガレを落とす儀式

梅雨《つゆ》。雨がたくさん降ったほうが、あじさい園の水やりが楽になるので助かる、というのは、水やりで苦労しているおかあさんだ。本殿《ほんでん》の裏側にこしらえたあじさい園は、毎日大量の水を必要とし、水やりに三、四〇分はかかってしまう。その間に蚊の集中攻撃にあうのだから、できるだけ、自然に雨が降ってくれないと困るのだ。

神社では、どんなに小さな行事でも、かならず心待ちにしている人がいるし、どんなに小さな木を一本植えても、その生長を楽しみに見にきている人がいるのだという。だからおかあさんは、境内《けいだい》の植物の世話と掃き掃除を絶対にかかさないし、いちどやりはじめた行事は、途中でやめたりしない。

「今は人が来なくても、三〇年やれば増えてくるやろ」

「あと五〇年もすれば立派な木になるやろ」

などという、スパンの長い発言は、おかあさんだけでなく神社にたずさわる人たち全般の特徴である。地球が滅びないかぎり、未来永劫《えいごう》続く予定の鎮守《ちんじゅ》の杜《もり》は、一〇〇年後をみすえて植林したり手入れをする必要があるからだ。毎日、目の前の締め切りをクリアすることで食いつないできた私には、あり得ない時間感覚、将来展望。

それにしても、今年の梅雨は、よく雨が降る。洗濯物が乾《かわ》かない。くせ毛が手に負えない。飼っている犬が納豆くさい。風呂場には、黴《かび》。しまいにやってくるのが、悪魔のささやきだ。

「今年も半分、過ぎちまってんだよ」

がーん！　そういえば、四月から数えればまだ三カ月だけれども、今年としては、半分が終わろうとしているのであった。

思い起こせば半年前、年の初めの元旦には、あらたな気持ちで目標たてて、やる気まんまんだったのに。それらが何ひとつ達成されていない現状に、はげしい虚無感《きょむかん》に襲われるのもこの時期。

梅雨のじめじめで弱った私の魂《たましい》は、「たまc」（cは小文字）と表記したほうが似合うほど、情けなく萎《しぼ》んでしまう。おそらく、この時期、ほとんどの日本人が、そうであろう。街行く人を見れば分かる。みんな、どろーんとした顔をして歩いているもの。

こういう時期に行なわれる神事が、「ナゴシノハラエ」だ。上半期の最終日、六月三十日にあるこの行事、なんと全国ほとんどの神社で毎年行なっているというのを、ご存じでしたか。私は知らなかった。ナゴシは「夏越」、ハラエは「祓《はらえ》」、つまり夏を越すためのお祓《はら》い。この半年間についたケガレを祓い、さっぱりした無垢《むく》の魂を取り戻し、来《きた》る夏の疫病《えきびょう》を除《よ》け、福徳開運を願うという儀式である。

そのナゴシノハラエも神事のひとつであるので、参拝者には、「おさがり」も出る。おさがりというのは、神様からのおみやげのようなもので、御札《おふだ》や御守《おまもり》、厄除《やくよけ》開運に効《き》く食べものなどである。これらを一人分ずつ袋につめて準備するのが、私たちの役目だ。おまつりには目的があるから、その目的にちなんだ「おさがり」を用意するのだけれど、ナゴシノハラエの場合は、ケガレを落とす「大祓《おおはらえ》の御札」と、夏の疫病除に役立つ「茅《ち》の輪《わ》」、それから、お供《そな》えもののおさがりとして昆布と米を少々。これらを白い袋に入れ、予想される参拝客の数だけ、準備しておく。

ウチの神社では、ナゴシノハラエだとか、節分だとか、昔から連綿《れんめん》とつづく季節のおまつりでは、お祓い料、おさがりは今のところ無料だ。氏子さんたちからの初穂料、当日来てくださる方が包んでこられる「お気持ち」で実費がまかなわれている。だから、おさがりも無駄《むだ》を出さぬよう、天候や曜日を考慮して準備数を決める。

それから、「切麻《きりぬさ》」というものを準備する。これは、半紙を紙吹雪《かみふぶき》のように細かく切ったもので、空間の四方に撒《ま》いて清めたり、自分で自分にかけて清めたり（自祓《じばら》い）するためのもの。これも、予想される人数分つくって、ひとつかみずつ、半紙に包む。また、参拝者が手水《てみず》で手を清めた後に使う、お手拭き用の半紙も、たたんで用意しておく。

この際、「たたみかた」「つつみかた」がある。日本には本当に、紙の作法が多くて、知らなきゃそれで済んでしまうけれども、知ってみると奥が深くておもしろい！　包みの折り方だけで凶報か吉報か、果てに包んである中身までがわかるなんて、ちょっと暗号めいていてよい感じ。

身も心もきれいに

当日の朝からは、神社の中も外も大掃除。臨時の神主さんや、巫女さんたちも早朝から駆けつけて、掃除に精を出す。拝殿《はいでん》は、たくさんの人が上がれるように配置を変え、「胡《こ》床《しょう》」という椅子をたくさん並べる。胡床は胡国《ここく》（中国北方）から伝わったという折りたたみ式の椅子で、足は白木、座る部分は布でできている。布の色は、参拝客用が白、神職用が紫である。それから、御神酒《おみき》、おさがりを置く台を出す。

ナゴシノハラエは昼の三時と晩の七時の二回、合わせて一〇〇名ほどの方々が訪れる。中年以上の女性がもっとも多く、小さい子供を連れたお母さんや、作業服を着た建設関係の方、仕事帰りのスーツの方もみえる。彼らはまず順番に手水で手と口を清め、拝殿に上がる。どんどんどん、と太鼓《たいこ》の合図で始まるのは春まつりと同じだ。ちがうのは、宮司をはじめ、神主の衣装が全身、白であること。これは「浄衣《じょうえ》」といって、大祓や清祓《きよはらい》のときの装束《しょうぞく》だ。仕事なんだから当たり前だが、自分の夫が白装束を着ている姿というのはめったに見られるものではないので、感慨深い。やはり日本人にはこういう衣装が似合うと思う。

参拝者には入り口で「大祓詞《おおはらえのことば》」が渡される。文語で書かれているのは、神様の世界「高天原《たかまのはら》」のストーリー。神主と一緒に、声を出して読みあげるのである。

この「大祓詞」、中世には密教や陰陽道《おんみょうどう》とも混ざりあい、一種の呪文としても使われてきた。そういえば、「平成の陰陽師」としてテレビに出ていた石田さんという男の人も、誰かに取り憑《つ》いた霊を追いだすときに、この大祓詞をとなえていた。テレビを見ながら、夫がとつぜん陰陽師と一緒に同じせりふを言いだしたのでびっくりしたことがある。夫は「これは大祓詞だから神主なら誰でも知っとる」と言っていた。

大祓詞の魅力は、「天《あめ》の御蔭《みかげ》　日の御蔭」とか、「磐根《いわね》　樹根立《きねたち》　草《くさ》の片葉《かきは》」とか、「高《たか》

山《やま》の末《すえ》　短山《ひきやま》の末」「根國《ねのくに》　底國《そこのくに》」「天《あま》つ神　国《くに》つ神」というように、リズム感、韻《いん》を踏むこと、相対する言葉を組み合わせることによるイメージのひろがりだ。簡潔さと音読の心地よさが、なるほど、呪文にふさわしい気がする。

大祓詞の読み上げを終えたら、こんどは各自が「切麻」を自分に振りかけて、自分で自分を清める（自分で自分を清めるのが、一番強力な祓いの方法なのだという）。

神主は、箱から切麻を取りだして四方に撒き、空間を清める。宮司は、火打石《ひうちいし》をかち、かちと合わせ、火花を散らす。これも、清めのひとつだ。

切麻がはらはらと舞う姿を見ていたら、ふと、これは「風」を意味しているのではないかしら、と思った。そうなると、手水の「水」、切麻の「風」、火打石の「火」という三要素が揃《そろ》う。

私の生まれた国インドの伝承医学『アーユルヴェーダ』では、人間の体内には「ヴァータ（風）」「ピッタ（火）」「カパ（水）」の三つのドーシャというものが存在し、その働きが乱れると病気や体の不調を引き起こすと考えられている。逆にいえばこれらのバランスを調整することで健やかな心身が得られるということ。やはり、古くからの「伝承」の根底にあるものは、どこの国にも共通しているのではないだろうか。

話を儀式に戻そう。さらに宮司は、桃の枝の「大麻《おおぬさ》」を「左、右、左」と振り、人びとの「穢《けが》れ」をこの大麻に移す。そして大麻を、ばきん、と割る。これで、ケガレは消滅。お祓いした人びとの魂は、さっぱりし無垢《むく》な状態に戻る。

儀式が終わったら、参拝者は御神酒《おみき》をいただき、おさがりを受けて、帰路につく。あしたの七月一日からは、また「新しい自分」として、再出発するのだ。

ところで、ナゴシノハラエのもうひとつ重要な側面に、「夏の疫病除《えきびようよけ》」があるそうだ。ごぞんじのように、夏には食中毒とか、ウイルスのたぐいが蔓延《まんえん》する。

魂にケガレがついていると、身も心も弱り、これらの疫病神にやられやすくなると、昔の人は考えていた。

ケガレとは「気の枯れ」であり、人が生活をしている以上は避けることのできぬもの。どんなに真《ま》っ当《とう》に生きていたって、イライラ、悲しみ、怒り、むしゃくしゃなどが発生する日はある。そういうものが消化しきれずに溜《た》まって、心が不安定になった状態が「ケガレ」。ネガティヴなときは免疫力が低下する。だから半年に一度それを祓い落とすことによって、また健康な魂を取り戻し、心身ともにリフレッシュして疫病を除けるという意味が、ナゴシノハラエにはあるという。

人間の魂も、体と同じく、年をとるごとに新陳代謝が悪くなっていく。性格のエキスが、煮こまれ、濃くなり、どんどん頑固《がんこ》になっていく。そういえば、私も最近、思いあたるフシが大ありだ。

半年に一度ぐらい、汚れっちまった自分を改める気持ちでお祓いを受け、さっぱりした気分になりたい。ついでに家の中を掃除して、「ふすま」を「よし戸」に替えて、夏座敷にして、さっぱりしたい。日本人はそうやって、季節ごとに「けじめ」をつけ、自分の中の清と濁をうまく操縦してきたのだろう。儀式として、日にちを決めてとにかくやっちまう、それで新しい季節がやってくる。汚れた自分は、昨日でおしまい。私はそういうのが好きだ。

茅《かや》でつくられた輪

「疫病除」の象徴としてナゴシノハラエに登場するのが、「茅《ち》の輪《わ》」という、茅《かや》でつくった輪だ。たいていは、参道に大きな「茅の輪」が設置され、儀式の前や、参拝時にそれをくぐることにより、疫病除とする。

おかあさんの生まれ育った京都の桃山《ももやま》では、「茅の輪」転じて「ちえの輪」と称され、くぐるときに茅を一本抜いて頭に巻くと、かしこくなるという言い伝えだったという。うちの神社のように「おさがり」に、吊《つ》り下げるタイプの小さな茅の輪を授与しているところもある。

茅の輪は、中国の「貧乏だが親切な神様」、蘇民将来《そみんしょうらい》の印である。蘇民将来は、天竺《てんじく》マカダ大王（またの名を牛頭天王《ごずてんのう》）が妻をめとりに南海の竜宮へ向かう途中、大王に粗末ながら一夜の宿として家を差しだし、快くもてなした神様。そのお礼に牛頭天王は、蘇民将来の家だけには疫病をまかぬことを約束したのだ。茅の輪は「私は蘇民の一族です。だから疫病をまかないで」という、牛頭天王へのメッセージなのである。

牛頭天王は、もともと大陸の神様だったのが、日本に伝わった段階で、高天原の暴れん坊「スサノオノミコト」と習合《しゅうごう》した。習合というのは、同一神に統合されたということ。

そして、スサノオノミコトが暴れると疫病が流行《はや》るといった構図ができた。うちはスサノオノミコトをご主神としておまつりしているので、疫病除にも霊験《れいけん》あらたかといわれている。ようするにスサノオノミコトが疫病除に効くのは、スサノオノミコト自身が元凶《げんきょう》だからというわけで、スナノオノミコトさんにお願いするのは、「暴れないでね」ってことなのだ。

ちょっと恐い「ヒトガタ」

神社のおまつりというのは、毎年同じ日にちに行なうため、休日であろうと平日であろうと関係がない。だから、六月三十日が平日だと、お仕事で来られない人がいる。そういう人たちは、「人形（ヒトガタ）」に自分の名前を書いて、それを身代わりにお祓いしてもらう。いわば、選挙における不在者投票のようなもの。ヒトガタは、ナゴシノハラエの二週間ほど前から境内に置いている。ご祈禱を受ける人が、ヒトガタを書いてもいい。

ヒトガタというのは、紙を人の形に切ったもので、紙相撲の力士のような形。ここに自分の名前を書き入れ、「ふっ」と息をふきかける。ヒトガタに、自分のケガレを移すわけである。そして、箱に入れる。ナゴシノハラエのとき、宮司がこれらのヒトガタをお祓いし、川に流すというのが昔ながらの儀式だが、現在は環境上の問題で川に流せないため浄火で焚《た》きあげをしている。諸星大二郎《もろぼしだいじろう》の漫画『妖怪ハンター』では、海に流されたヒトガタが、流れ着いた岬でおそろしい妖怪になるという話もあった（とにかく絵がこわい！）。ただの紙きれでも、それが人の形に切られ、名前が書かれた時点で、ひとつの人格として扱われる。ヒトガタとはそういうものだ。

三章

たしなみ神道まめちしき

大麻《たいま》の件

社務所で、神主さんが電話をかけている。

「大麻《たいま》の件ですけど、あした中にうんぬん……」

ややっ、「大麻」とは何事か！

と思ったら、吸引する大麻ではなく、伊勢神宮《いせじんぐう》の御札《おふだ》のことだった。伊勢神宮の御札は「神宮大麻《じんぐうたいま》」という名称で、それを略して「大麻」と呼んでいる。

ふつう、御札や御守《おまもり》は、それぞれの神社固有のものであって、そこでしか受けられないことになっている。しかし、なぜか神宮大麻だけは別だ。伊勢神宮から各都道府県の神社庁へ、それから各支部、各分会、各神社、氏子《うじこ》さんへと配られるトップダウンのシステムができあがっている。うちの神社は現在、「支部」の次の「分会」の事務局になっているので、大麻が大量に搬入される。それを各神社に頒《わ》ける算段を、神主さんが電話で話していたのだった。

現在、アマテラスオオミカミをご祭神とする伊勢神宮は、神社の中でも圧倒的な存在となっている。そもそも、日本には八百万《やおよろず》の神様がおられるといわれ、人びとは山や海、泉、滝、木などさまざまなものに神を見いだしてきたし、民間信仰から生まれた神様は数知れないほどある。だが『古事記《こじき》』の神話に登場するアマテラスオオミカミは別格である。地元の氏神様《うじがみ》と、伊勢神宮の両方を崇敬《すうけい》するのは、学校の人気者と全国的なスターの両方を応援するようなもので、矛盾しないのである。

伊勢神宮の知名度がここまで上がったのは、「御師《おし》」と呼ばれる人たちの活躍が大きい。御師は神宮と崇敬者《すうけいしゃ》のあいだを取りもつ存在で、崇敬者を「だんな」と呼び、毎年「だんな場《ば》」と呼ばれる一定の決められた地域を、一定の時期に訪問して回り、その際に、伊勢神宮の御札、すなわち神宮大麻を配って回った。神宮大麻は、親しみを込めて「おはらいさん」と呼ばれ、全国的に広まっていったという。

初めての伊勢まいり

江戸時代には伊勢神宮の人気はピークに達した。「伊勢講《いせこう》」という講組織が日本全国に発達し、みんなで旅費を積み立て、くじびきで選ばれた代表者が伊勢におまいりに行く、ということも行なわれてきた。

伊勢に行きたい伊勢路が見たい
せめて一生に一度でも
ヤアトコセーノヨイヤナ♪（『伊勢音頭』）

こんな流行歌もあったほど、お伊勢まいりは庶民のアコガレだったという。文政《ぶんせい》十三年（一八三〇）の爆発的ブームでは、鹿児島から秋田まで全国各地五百万人が伊勢をめざしたそうだ。

だが、想像してみてほしい。当時の日本の人口の約六分の一が、同じ年に、伊勢につめかけた様子を。フーリガンと化した参拝客が、飲み、喰い、唄い、踊り、豪商襲って奉《ぶ》行所《ぎょうしょ》に乱入、手形なしで関所を突破した光景を！　伊勢路近辺に居をかまえる人々は、暴動の恐怖におびえていたにちがいない。

現在はそれほどの熱狂ぶりではなくなったにしても、伊勢神宮はいまだに人気の名所だ。とくに関西地方の人々にとっては、修学旅行先や、慰安旅行先としてもっともポピュラーな場所なのである。関東人にとっての「日光東照宮《にっこうとうしょうぐう》」、埼玉県民にとっての「吉見《よしみ》百穴《ひゃくあな》（&ひかりゴケ）」的存在といえよう。

本当に、「お伊勢さん」とはそんなにいい場所なのか。関東の無骨者《ぶこつもの》の私はこれまで一度も伊勢に行ったことがなかったので、総代《そうだい》旅行におともして、伊勢まいりをすることにした。

総代旅行というのは、文字どおり総代さんたちの研修旅行。今年はちょうど、一泊で伊勢まいりだ。出発時、神社の近くまでやってくる観光バスに乗りこみ、すべてそれで移動するバスツアー。

朝六時半。集合場所には、なぜか近所の酒屋の大将の姿。バスの中で総代さんたちが飲む大量のビールやお酒を、「バスに直《ちょく》で」配達してくれたのだった。その量を見て私はたまげた。

バスが動き出すやいなや、車内は宴会場になった。サービスエリアで休憩のあと、バスガイドさんが、「みなさま、忘れ物はございませんか」と言うと、総代さんたちが口々に、「あ、ピアス忘れた」「おねーちゃん忘れてきた」など、ギャグを飛ばした。時計を見たら、まだ朝の八時であった。

忍者の里、伊賀《いが》を通り、伊勢に到着。神宮の手前には、「おかげ横町《よこちょう》」という楽しい町並が広がっている。ここは、江戸時代の「おかげまいり」の風情を再現したらしく、食べ物、飲み物、郷土玩具、まねきねこ、お菓子などなど、おみやげ品の店が軒《のき》をつらねる。名物「赤福《あかふく》」の本店には黒山の人だかり。伊勢うどんの店からはおいしそうな湯気。道端には焼ける煎餅《せんべい》のにおい。もちろん総代さんたちは、あちこちの店で一杯やっている。私はローソクの店「カメヤマ」で、和ろうそくを買った。

おかげ横町を進み、神宮の入り口までやってくると、「宇治橋《うじばし》」がある。お茶漬けの付録の浮世絵カードみたいな景色！（というよりこっちが本物か）この橋が、江戸時代の人たちでぎゅうぎゅうだったことを想像しながら渡る。

渡りきると、こんどはお清めの水場がある。ここで手と口をゆすぎ、神楽殿《かぐらでん》へ。今回は「正式参拝」なので、まずはお神楽《かぐら》から奉納することになった。

神楽殿の中は、がらんどう、といった風情で、装飾などはあまりない。まず、神主による祝詞《のりと》の奏上《そうじょう》があったが、ほとんど抑揚《よくよう》がない。「やる気あんのか？」とダメ出ししそうになったが、夫に言わせればこれが本式だという。

お神楽が始まった。笙《しょう》は生楽器とは思えないほどの大きな音量で空間を埋め、左右の男性ボーカルは同じ旋律すなわちユニゾンで唄うのだが、わざとなのか、天然なのか、若干ピッチがずれているために、気持ちのよいステレオ効果が生まれる。

規則的に繰り返される拍子木《ひょうしぎ》は、やはり左右少しだけずれて入り、そのあとに琴の和音がジャラリラリンと入る。これが幾度となく繰り返され、がらんどうの神楽殿いっぱいに、音の渦《うず》ができあがる。神楽殿という空間をうまく利用した音づくりである。脱力して無気力になり、自分もいっしょに空間の一部になるチルアウトミュージック。

巫女《みこ》さんは我々に背を向け、神様に向かって淡々と舞う。どちらかというと猫背《ねこぜ》ぎみで、だらんとした動き。しかし、タイミングが揃《そろ》っているので、美しい。だらんとしたまま揃えるのは、さぞかし高度な技術を要するのではないかと思う。淡々とした巫女さんの動きがさらに、我々の脳をボンヤリとさせる。

神楽奉納が終わり、ぼーっとした頭のまま神楽殿を出る。そして、雨に濡れる木々の葉っぱを見たとき、そのまぶしさにどきっとする。完全なる脱力の後に感じる復活。擬死《ぎし》から再生へ。これこそ、伊勢神宮のお神楽の本質なのだと思う。

神楽のあとは、内宮《ないくう》のおまいりである。といっても、神様のおられるところからものすごく遠い場所からしか、参拝させてもらえない。やはり、アマテラスはそう簡単には近寄らせてくれないのだった。遠いなあ、と思いながら上を見ると、ここは屋久島《やくしま》かと見まごう大木が、わっしゃわっしゃと揺れている。足下を見たら、玉砂利《たまじゃり》と呼ぶには大きすぎる石が、ごろごろ転がっている。ここは、「もののけ姫」の舞台か。

いにしえの面影を残す景色に心を奪われたが、ふとまわりを見回せば、ほろ酔いの総代さんたちがいらっしゃるのだった。総代さんたちは朝からすでに、ものすごい量の酒を飲んでおられた（もちろん、伊勢神宮の中でも御神酒《おみき》をいただきました）。さすがは地域のリーダー衆だけあって、いくら飲んでも完全には崩れず、儀式や行事はビシっと行なうのだから恐れ入る。それでいて、道中の楽しみ方は、江戸時代の「お伊勢まいり」の人たちにも負けていないだろう。

その日の晩は伊勢の旅館で一泊。宴会対応の大型旅館というのに初めて泊まった。一次会用のひろーいお座敷、二次会用のカラオケパブ。そして酔った方々のあしらいが上手な仲居さんたち。二次会では、夫とデュエットせえ、とさかんにリクエストされたので引っこみがつかなくなったが、デュエットするような曲を知らなかったので、ええいままよ、とブルーハーツを唄った（もちろんジャンプしながら）。すると、総代さんたちが浴衣《ゆかた》姿で踊りだしてくれたのは感動だった。

宴もたけなわになったころ、同い年の宴会コンパニオン、キョーコちゃんと意気投合して、ちょいと抜けだしてトイレで一緒に煙草を吸った（コンパニオンはお客さんの前で煙草は吸わないそうだ）。「あたしも昔はキタでホステスやっててんけど、だんだんしんどくなって伊勢にきてん」とキョーコちゃんは言っていた。キタというのは大阪の高級クラブが多数ある北新地《きたしんち》というところで、東京でいうと銀座とか赤坂レベルのホステスがたくさんいるという。

きっとコンパニオンひとりひとりにも、いろんなドラマがあるのだと思う。キョーコちゃんとの一期一会《いちごいちえ》は私に「女の人生」を考えさせた。伊勢にはさらに、海女《あま》さん兼仲居さん兼コンパニオンみたいな方々もいて、活《い》き活きと働いておられた。海のそばに住んでいる人たちは、ぴちぴちしている。

総代旅行は、ごはんも大部屋で一緒に食べて、まるで修学旅行みたいだ。誰かがお風呂からなかなか出てこないので、心配になって二、三人で見に行ったり……。私は今まで、社員旅行というものを経験したことがなかったので、「こういうのも、アリだなあ」と、新しい世界を見た気がした。

ただ、次の日に行った「伊勢戦国時代村」は、期待していた「にゃんまげ（武士の格好をしたねこの着ぐるみ）」が一匹もいなかったばかりか、町人も武士も一人もいなくて閑散としていた。たしかコマーシャルでは、にゃんまげに飛びついて遊んでもいいことになっているのに、おかしい。

案内されるままに芝居小屋に入り、総代さんと見た芝居は、JAC（ジャパンアクションクラブ）みたいな人たちが出演する時代もの。なかなか凝《こ》った演出が光る。総代さんたちは、おひねりを投げておられた。

おそらく、平日の朝一番だからであろう、芝居小屋の外へ出ても、まだにゃんまげも、武士も町人もいなかった。と思ったら、奉行《ぶぎょう》が一人近づいてきて、名刺を渡してくれた。名刺には「専務」と書いてあった。

男気の世界

神社には由緒書《ゆいしょがき》というのがある。いつ創建されて、どんな神様をまつっているのかが書いてある、履歴書みたいなものだ。

たとえば当社のばあい、

「約二千年前、第十一代垂仁《すいにん》天皇の御代に、出雲《いづも》の国の豪族、野見宿禰《のみのすくね》が当麻蹴速《たいまのけはや》との相撲に勝ち、その恩賞に河内国《かわちのくに》を拝領し、出雲の祖神素戔嗚尊《すさのおのみこと》をこの地に奉祀《ほうし》して、土師《はじ》氏の鎮守《ちんじゅ》としたのが草創《そうそう》である」

と書いてある。ここでいう野見宿禰と当麻蹴速の「相撲」が、本当のお相撲だったのか、ガチンコ勝負の決闘だったのか、たくさんの兵力を駆使しての戦争だったのか、約二千年も前の話ゆえ、真相は定かでない。とにかく、島根《しまね》の豪族が勝負に勝って大阪の土地を手に入れ、そのあかつきに、自分の地元の神様をまつったということだ。それはすなわち、「勝ったぜ!」の証《あかし》であり、勢力の象徴ということになる。

その後、平安中期に入ると、野見宿禰の後裔である菅原道真公《すがわらみちざねこう》が政治的策略にはめられ太宰府《だざいふ》で憤死《ふんし》。その後道真公は神格化し、当社に併祀《へいし》された。こうして、神話上の神様「素戔嗚尊《すさのおのみこと》」と、実在した人物「菅原道真公」という、時代も性質もちがう二神が、ともにご祭神となり、当社の紋は、素戔嗚尊の紋と道真公の紋、二つを並べたものになった。

さらに戦国時代に入ると、度重《たびかさ》なる兵火のため、神社は荒廃。それを修築したのが豊臣《とよとみ》秀吉公《ひでよしこう》だった。

「大坂《おおさか》築城の際には、艮《うしとら》の方角に当たる此《こ》の社《やしろ》を、錦城《きんじょう》の鬼門鎮護《きもんちんご》の社と定めて尊崇《そんすう》」

実際に地図で見ると、たしかに大阪城からみて鬼門の方角、大阪と京都の境目に当社がある。当時、敵や災難は鬼門からやってくるとされていたから、それを食いとめる「鬼門鎮護」の役割を、秀吉公から与えられたことになる。いまでも、鬼門除・方除《ほうよけ》の社として地鎮祭《じちんさい》の依頼がくるのは、この由緒に端《たん》を発している。

さらに、

「秀吉公の子秀頼《ひでより》公は、当社の本殿《ほんでん》・拝殿《まいでん》・築地《ついじ》（塀《へい》）・経堂・別当《べっとう》などを大造営《だいぞうえい》」

現在の本殿はこのときに建てられたもので、桃山建築の粋《すい》として国の重要文化財に指定されている。しかし、この大造営の裏には、豊臣家を滅亡させるため、秀頼公に財産を使わせるよう仕向けた徳川家康《とくがわいえやす》の策略があったといわれている。

その後も、近隣の神社を合祀《ごうし》したり、明治の神仏分離で神宮寺《じんぐうじ》がなくなったりして、現在にいたる。さすが、二千年にわたる履歴は、紆余曲折《うよきょくせつ》が激しい。

こうしてみると、神社の歴史といっても、じつは征服したりされたりの男の世界、政治の歴史と縫《ぬ》い合わさるようにして進んでいる。神社が女性より男性、それもおじさんに人気があるのは、このへんに原因があるのではないか。そう考えると、神社ファンと城ファンがかぶっているのも、理解できる。

いま、神棚のある風景を想像してみてほしい。

ボクシング・ジム、選挙事務所、組事務所、相撲部屋（親方の頭上）、柔道や合気道の稽《けい》古場《こば》、土木作業現場、寒中水泳や海開き、山開きの現場。比較的マッチョな空間ばかりが浮かぶのはなぜだ？

昨年訪れた石垣島《いしがきじま》の「具志堅用高《ぐしけんようこう》記念館」でも、リングのそばには、やはり当たり前のごとく、神棚があった。

神道の意匠は、男気あふれる現場によく似合う。紙と木でできた単純な記号たちで構成されており、白を中心とするモノトーンの色づかいが、潔《いさぎよ》さを引き立てるからだろうか。神棚が「一《いち》か八《ばち》か」感を増幅させるような気がするのは、こうした意匠からくるイメージなのだろうか。

自然発生的に生まれた神道には、創立者も教義も布教者もない。神様や教典にああしなさい、こうしなさいと指図《さしず》されることがない。守らなくてはならない規則もない。修行もない。そのかわり、権力者やそれを目指す者が「オレ流」に解釈できる自由度がある。神話上の神も、実在の人物も、同等にまつられる。菅原道真公や平将門《たいらのまさかど》など、世間で一度負けた者も、その死後、神になったりする。自分が出世したらひょっとして、死後、神になる可能性もある。野心を持った者の心の支えとなるには、それで充分だ。

しかし、この特徴は同時に、「女子の世界」からは遠い、ということを意味している。私はどちらかというと「心がおじさん」なのだが、五年間ほど女の子雑誌で仕事をしていたので、若い女子の気持ちはよく分かっているつもりだ。女子が求めているのは、もっとスピリチュアルで神秘的で、デザインがおしゃれなグッズの充実した宗教である。

ＯＬは京都に行って寺めぐりはするが、神社めぐりはしない。したとしても、恋愛の神様か、マンガやアニメで人気の神様のところであって、神社そのものに興味があるわけではあるまい（なかには、神社そのものに興味がある女子もいるだろうが、ごく少数派だ）。

正直いって、神社には、拝観するものがあまりない。なんといっても仏像にあたるものがない。

しかし、仏像がなくてもロマンがあれば女子は来る、ということを、私はこの秋に知ることとなった。

まだ夏の気配が残る九月の日曜日、神社の隣の公園でささやかな慰霊祭が執《と》り行なわれた。斎主《さいしゅ》は夫がつとめ、参列者は若い女性一〇名ほど。春には桜の名所となるこの公園も今はがらんとしていて、白装束《しろしょうぞく》を着た神主と一〇名ほどの女性が粛々《しゅくしゅく》と神事を行なう姿は、少しだけ浮世離れした光景だった。

慰霊されるのは、平安時代に活躍した東北地方の武将「アテルイ（阿弖流為）」と「モレ（母禮）」だ。大和朝廷の支配がまだ全国には及んでいなかった桓武《かんむ》天皇の御代《みよ》、数を上回る朝廷軍をたびたび打倒し、朝廷の支配を拒《こば》んでいた「えみし」の首長である。十数年にわたる朝廷軍との攻防の末、征夷大将軍坂上田村麻呂《せいいたいしょうぐんさかのうえのたむらまろ》に降伏したアテルイとモレは、京へと護送されたのち、ここ河内国で処刑されたと『日本紀略《にほんきりゃく》』にある。

この公園には彼らの首塚《くびづか》とされる築山《つきやま》があり、昔から地元ではその存在が秘めやかに語り継《つ》がれてきた。

しかし、立て札もなく、観光ガイドに載《の》ることもなく、普段は子供が登ったり、地元のおっちゃんが腰掛けてお弁当を食べていたりする一見ごく普通の築山である。ただひとつ変わったことといえば、その頂上に生えた大きな木の足下に、埋もれるようにして小さな石碑が建っていることぐらいで、そこに刻まれた銘も、もはやその文字を読みとることはできない。

ここは、一部の学者や歴史ファン、アテルイ関連の諸団体や岩手県人会（アテルイは岩手県の出身なので）の方々ぐらいしかご存じでない場所なのである。神社としても、別に秘密にしているわけではないが、一二〇〇年も前の話ゆえに確たる証拠が得られず、神社にもそれらしき文献が残されていないため、大々的には報じていない。個人的にアテルイの首塚を訪ねて来られる方々に、首塚や処刑地といわれる場所についてこちらが知りうるかぎりの情報を提供したり、慰霊祭などの依頼に応じたりするのが精一杯、という現状だ。

もっとも、一般のアテルイファンは、京都の清水寺《きよみずでら》に近年建てられた立派なアテルイの石碑に手を合わせるにとどまり、そこからわざわざ京阪電車に三〇分も揺られて、急行の停《と》まらない地味な駅で降りて首塚を拝もうなどという方は、かなり熱心な方である。

言ってみれば、そのような穴場になぜ、いまどきの若い女性（正確にいうと男性も一人いたが、カップルで来ていた）が一〇名も集まり、アテルイの霊をなぐさめるまつりを行なっているのか。それは、一人のアテルイファンの女性が発起人となり「慰霊祭をしましょう」とインターネットで呼びかけたからだ。奈良県に住む彼女は、マンガをきっかけに古代史に興味を持ち、高橋克彦《たかはしかつひこ》氏の小説『火怨《かえん》』でアテルイを知ったという。そして自分でアテルイのファンサイトを運営し、掲示板で慰霊祭の告知をしたのである。

その掲示板に集まる方々も、『火怨』でアテルイやモレのファンになったり、古代ロマンもののマンガがきっかけになってそのサイトへ来たりしている方々で、直接の面識はないのだ。だから、きょう集まった女性たちはみな、ネット上ではメールを交換しあったりしていたものの、顔を合わせるのは初めて。つまり慰霊祭がオフ会になったわけだ。

発起人の女性は着物をサラリと着こなした細身の美しい人で、アテルイとモレにお供《そな》えする花束を手に、社務所へやってきた。かなり肝《きも》の据《す》わった人に見えたが、じつは「まつり」が始まるまで「誰も来なかったらどうしよう」とドキドキしていたという。ささやかな慰霊祭といっても、首塚の前に祭壇を組んでお供え物をし、浄衣《じょうえ》を着た斎主がアテルイとモレへの祭詞《さいし》をよみあげ、御霊《みたま》と一緒に御神酒《おみき》をいただくというまつりそのものは正式に行なうのだから、緊張しないわけがない。

それは当日集まった女性たちも同じだった。神聖な雰囲気の慰霊祭が終わってはじめて、参列者全員がホッとした表情になり、公園を散策しながら和気あいあいとアテルイやモレについて歓談していた。

私は、丸椅子や祭具を撤収しながらその様子を眺め、「ちょっと前までは、あり得なかったことだなあ！」と、インターネット時代というのを身に染《し》みて実感した。いままで何の接点もなかった関西の女性たちが、一二〇〇年前の武将、それも、当時の関西圏にとっては敵方であった東北の首長に惚《ほ》れて集まったというのもロマンだが、神社に依頼して慰霊祭までしてしまうという思い切りのよさにも感心させられた。

その原動力となっているのは、やはり物語の力だと思う。アテルイとモレに関しては、あまりにも謎が多く、そのほとんどが人々の想像力にゆだねられているといっても過言ではない。アテルイとモレのカッコよさ、そして坂上田村麻呂との友情……これらの魅力はいずれも、小説やマンガ、芝居などで、物語として語られたものだ。

ブツがなくても、ロマンがあれば女子は来る。すべての人間に必要なのは物語である。大事なのは、その物語をどうやって育《はぐく》んでいくかだと思う。

［著者後記］　これは平成十五年時点での話。当時はまだ、神社や歴史の裏側は一般女子にとって遠い存在だった。その後、「歴女」の一般化、携帯ゲームの歴史ものの発達、戦国武将や歴史上の人物のイケメン・キャラクター化が進み、男女問わず、史跡や神社を訪れることがポピュラーになった。物語は、育まれているのである。

ハラオビ

妊娠したことのある女性なら知っているかもしれないが、妊娠五カ月目の「戌《いぬ》の日」は、「帯祝い」というお祝いごとをする。サラシ木綿《もめん》を七尺五寸三分に裁《た》ち、安産祈願の言葉を書いて半分に折り、半幅帯《はんはばおび》状にして、お腹《なか》に巻く。これがいわゆる「腹帯《はらおび》」だ。またの名を「岩田帯《いわたおび》」という。私はまだ子を産んでいないので、この帯がどんな役目を果たすのか実体験していないが、お腹の筋肉を助け、胎児の位置を安定させるという。

毎月二回ほどある「戌の日」を選んで帯祝いをするのは、犬が安産だから、それにちなんでいるわけだ。酒屋さんなどでもらえる純和風のカレンダーを見れば、大安や仏滅などのほかに、それぞれの日に十二支の動物があてがわれているのが分かる。そこに「戌」と書いてある日が、戌の日。神社では戌の日に「安産祈願」のご祈禱《きとう》が一番多い。

そのさい、事前にサラシを一反《いったん》持ってきていただく。それを使って帯を二本つくり、「安産祈願　妊婦さんの名前　年齢」を墨で書いて、神社のハンコを三つ押す。これで、神社特製の「安産祈願腹帯」のできあがり。それを、妊婦さんと一緒に神様の前でお祓《はら》いし、妊婦さんにお渡しする。漢字入りハラオビを巻いた妊婦は、カンフーマスター以上にカッコいいと思う。

ハラオビの起源は、なんと『古事記《こじき》』の中《なか》つ巻《まき》で、妊娠後期で出陣した神功皇后《じんぐうこうごう》が、お腹に御守《おまもり》の石をはさんで巻いた布だという。どうりで、ハラオビはカッコいいわけだ。

さて、今日の妊婦さんは、当日にサラシを半反持ってきたので、待合室で少しお待ちいただいて帯をつくることになった。

ふだん、ハラオビをつくったり、木札《きふだ》に願いごとを書いたり、看板を書いたりする仕事はすべて、ザ・達筆のおかあさんが担当している。その男っぽい颯颯《さつさつ》とした運筆で、ハラオビまでが威風堂々《いふうどうどう》としているように見える。

だが、あいにくおかあさんが不在であったので私が字を書くことになった。

長いサラシをまたいで、筆に墨をふくませ、こぼさぬように布の上へ置く。サラシは半紙と違って、筆を置いた時点ですぐ墨をたくさん吸ってしまうから、書き出しだけにじんで、あとが薄い線になる。それをうまく利用すると、芸術的な感じに仕上がる。

「意外と、いけてるかも？」

「榊莫山《さかきばくざん》先生みたい？」

見方によっては、味のある、よい出来ともいえた。

そうして自分で自分を褒《ほ》めてみたものの、よく見てみたら、最後のひと文字「歳」が完全に間違っているではないか。小学生が間違って書いた字より、ひどい。まったくもって修正がきかない間違いだった。

私の動揺を察知して、装束《しょうぞく》姿の夫が飛んできた。

「やっちゃった？」

私は半泣きの形相《ぎょうそう》でうなずいた。こんな大人になって、漢字を間違えて涙目になるなんて、ああ情けなや。

夫は頭に烏帽子《えぼし》をのせたまま納屋《なや》に駆けこみ、サラシの在庫を持ってきた。さいわい、今日、妊婦さんが持ってこられたサラシはふつうのサラシ木綿で、神社の在庫のものと同じものだった。

「助かった。これでつくろう」

もう一度、サラシを切って、書き直した。たがいに無口でもくもくと作業した。二回目なので字はうまくなったものの、墨が濃くなってしまったので、乾かすのに少々時間がかかった。ドライヤーなどを用いて、必死に乾かした。

けっきょく、妊婦さんを二五分くらい、お待たせしてしまったが、ご祈禱は無事、行なわれた。初めてのハラオビは、きれいにできたかどうかは分からないが、とにかく、心を込めてつくったことだけは確かなのできっと健康でいい赤ちゃんが産まれると思う。心から お祈りしています。

［著者後記］　その後、私は双子を妊娠したため、腹回りは最高で一メートルを超えた。このとき、助産師さんからサラシのハラオビを三つ折りにして骨盤にだけきゅっと巻く方法を教わり、

そのおかげで出産直前まで歩き回ることができた。欧米ではハラオビの習慣がないというが、ハラオビは妊婦の士気を高め、動ける体をつくる、みごとな発明だと思う。

黄泉《よみ》の国ってどんな国?

毎年一回、八月初旬に恒例の「お墓そうじ」がある。「うちわ」の人たちが同じ日に集まり、みんなで草を引き、木の枝を切り、一族の墓をきれいにする。

自宅から自転車で一〇分ほどのところにある墓地に、朝五時半集合だ。三〇分前に起きて腹ごしらえし、鎌《かま》と鍬《くわ》、虫除《むしよけ》、冷茶、手ぬぐいも持って準備万全、余裕で五分前に到着の算段。

しかし、出るまぎわになって自転車の鍵がない。あわてて探したけれど見つからない。なんで? せっかく早起きしたのに! こういうときに限って! と自分に逆ギレ、お墓まで全力で走った。後から自転車で追いかけてきた夫が追いつけぬほどの速さで、やまんばのごとく爆走したので、「お前、ちょっとこわかったぞ」と言われた。こういうときの夫というのは、遅刻するまじと焦《あせ》る嫁はんの気持ちなんか、ちっともわかっちゃいない。

神道のお墓は、仏教のお墓とはちょっとちがう。「奥津城《おくつき》」という文字が彫られていて、榊《さかき》がお供えされている。お線香立てや卒塔婆《そとば》はない。

同じ霊園内にある仏教のお墓を見てみると、墓石のてっぺんに丸いカーブがついていたり、三角屋根みたいなものがついていたり、さまざまなバリエーションがある。それに、色花《いろばな》がお供《そな》えされていて、カラフルだ。明治以前は神仏習合であったので、神道式と仏教式の両方がミックスされているお墓もあるという。

まわりの人から「神道のお葬式ってどんなの？」と聞かれることがある。実際、一般の人々のお葬式のほとんどは仏式なので、神道のお葬式を知らない人が多い。私も、神道のお葬式に参列した経験はない。

なぜほとんどの家庭が仏式でお葬式をするのかというと、江戸時代の幕藩体制のころ、キリシタンを取り締まるためにすべての人がどこかのお寺の檀家《だんか》にならなければいけない檀家制度がとられており、葬式も仏式と決められていたからなのだ。

江戸も後半になると神職《しんしょく》が神道式で葬式を行なうことが認められ（神葬祭《しんそうさい》という）、明治に入り氏子《うじこ》にも認められるようになって、いまは神式でも仏式でもお葬式ができるようになり、九州ではとくに多くなったが、他の地域ではまだ仏式のほうが多い。

神式では、戒名《かいみょう》というものはなく、死後、男は「大人命（ウシノミコト）」、女は「刀自命（トジノミコト）」などが名前のあとについた御霊代《みたましろ》となる。戒名料が必要なく、式の費用も仏式よりいくぶん安いが、神社付属のお墓は少ないので、お墓は各自で霊園などを探すことになる。

お葬式では、参列者はお焼香をするのではなく玉串《たまぐし》を神前《しんぜん》に捧げ、「しのび手（音を立てないで行なう拍手《かしわで》）」で拝む。お金を包んだ袋には「香典《こうでん》」ではなく「玉串料《たまぐしりょう》」と書く。お経《きょう》ではなく祭詞《さいし》があげられるのだが、この祭詞には、亡《な》くなった方の生い立ちが盛りこまれる。「誰々の子として若葉のごとく生まれ、何々に尽《つ》くし、よろずの事にまめまめしく勤めたまひ、ときに長唄を楽しみ……云々《うんぬん》」。生前、どんな人であったのか分かる、詩のような祭詞《さいし》である。

ところで、仏教では、死後の「あの世」にこそ、私たちの本当の世界があるというが、神道では、死後の世界について、あまり明確なイメージは語られていない。教典というものがないので、いくつかの神話や、古くから伝わるお葬式の儀式などから読みとるしかないが、そのひとつに、古事記におけるイザナギ・イザナミ夫婦のエピソードがある。

妻イザナミはたくさんの神々を生んだが、夫イザナギを残して死んでしまい、黄泉《よみ》の国へ旅立ってしまう。夫イザナギは彼女を連れ戻しに黄泉の国へ行くが、そこで死後のイザナミの醜悪《しゅうあく》な姿を見てしまう。怒った妻イザナミは絶縁を言い渡す。夫イザナギは恐ろしい姿で追いかけてくる妻イザナミに「桃の実」を投げつけながら逃げ帰る……。

変わり果てた嫁の姿に驚いて逃げる旦那。「見たなーっ！」と怒って追いかける嫁はん。記紀《きき》神話における実質的な創造神夫婦の結末が、コントみたいな展開なのは、意外ではあるが、それと同時に妙なリアリティもあって興味深い。現世とあの世の境界線があいまいで、夫婦仲良く鬼ごっこができるぐらいのおおらかさがある。

神道では、残された家族や知人がおまつりをすることによって、死霊は個性から脱して先祖の霊と一体化し、「祖霊《それい》」となるという。そして、現世の人々と祖霊とが、まつりによって関わり合うことがもっとも理想的だと考えられている。死霊も祖霊も、現世の人びとのまつりによって地上に呼び戻され、共にお供え物を食べ、楽《がく》を楽しみ、喜びを分かち合う。それにより、永遠に地上に生き続けることができる、それが理想の「死」の形ということ。それゆえ、天国や極楽のような、明確な「あの世」観が設定されていない。

沖縄の人たちが、一家揃《そろ》ってお墓でピクニックするというのを聞いて驚いたけれど、それは本来の意味でのおまつりなのだと考えると、合点がいく。

だからこそ、年に一度の「お墓そうじ」は大切なイベントなんだけど……それにしても自転車の鍵はどこへ行ったのだろう。

漢字と生きる

漢字といえば、日本人は西洋人に比べて「書」を芸術として楽しむ人が少ないそうだ。

なぜかというと、「書」を前にしてまず「コレ、なんて読むの?」という疑問が湧《わ》いてしまって、「読めない→わからない」という方向へ進んでしまうからららしい。西洋人は、ハナから漢字を読もうとはしないので、形だとか、墨のこすれぐあい、運筆《うんぴつ》などをピュアーに楽しむことができるという。

けれども、私たち日本人にとって、漢字は、目で見る意味と、発音したときの意味と、ふたつを持っている。だからこそ漢字はおもしろい。そして昔の日本人は、そのへんを自由に利用して生きていたらしい。古くからの神社にいると、そのことがよく分かる。

たとえばうちの神社の末社のひとつ「クサガミサン」。

本殿のある境内から歩いて三分ぐらいのところにあるこの小さな神社は、菅原道真公《すがわらのみちざねこう》のおともをしていた馬がまつられているところ。もともと、ここにある池が昔からご神体《しんたい》として拝まれていて、そこに馬も一緒に奉《まつ》られたらしい。そのいきさつは、こうである。

「菅原道真公が九州・太宰府《だざいふ》に向かう途中、その道行きをともに歩んできたお気に入りの荷馬が、この地に着いたときに病気になってしまった。介抱《かいほう》しても治《なお》る見込みがないので、道真公はやむなくその馬を里人に託し、九州へと向かった。里人は馬を手厚く介抱してやったが、ついに息を引き取ったので路傍《ろぼう》に地を選んで馬をそこに埋葬した。そして時あるごとに、馬の食べ物である草や藁《わら》をお供えして、そのうちに、草神様《くさがみさま》と呼ぶようになった」

馬の食べ物の「草」をよくお供えしていたから、「クサガミサン」。ここまでは素直な展開である。

しかし現在、「クサガミサン」は「皮膚病の改善にごりやくがある」とされていて、むしろそっちのほうが有名になり、アトピー性皮膚炎などに悩む参拝者の方がおまいりに訪れる。三坪ほどの「おこもり堂」は、五〇年ほど前までそこにおこもりして、皮膚病平癒《へいゆ》の祈願をするための建物だったという。

馬と皮膚病。なんの関連もなさそうなこの二つが、なぜドッキングしたのか。先々代の宮司《ぐうじ》は次のように述懐している。

「クサガミサン」はもともと「草神様」だったが、時を経るにつれ「クサガミサン」という言葉だけがひとり歩きし、「瘡神様《くさがみさま》」という字も当てられるようになり、瘡《くさ》(天然痘《てんねんとう》や吹き出物など皮膚の病気のこと)が癒《い》える、つまり皮膚病に霊験あらたかなり……と伝えられるようになった。

「くさがみ」という発音である以上、「草神」と「瘡神」どっちの意味も成立するのが、この国の、古くからのおきてだ。

「同じ音ならそっちの意味もアリ」。この法則を知っておくと、古代から中世にかけての神様関係の話が理解しやすい。発音が似ている、または、同じだというだけで、輸入ものの神様と合体（習合《しゅうごう》）した神道の神様もたくさんいる。たとえばインドの神様大黒天《だいこくてん》と大《おお》国主命《くにぬしのみこと》は、音読みにすればどっちも「ダイコク」だからという理由で同一神になった。

私の名前は「桃子」だが、友達のひとり、佐藤は必ず「股子様」と書いて手紙やメールをよこす。フトモモの「股」のほうが、私のイメージに合っているかららしい。

おみくじ

紅葉がすばらしいという京都大原《おおはら》の三千院《さんぜんいん》に、オン・シーズンの秋に行ってみた。たしかに紅葉はきれいであったが、まさに「いものこ」（芋洗《いもあら》いのように人が混んでいること）で、どちらかというと苔《こけ》のほうに目がいった。さまざまな種類の苔がじゅうたんのように生えていて可愛い。

さっそく、旅のお約束でおみくじを引いたら、凶《きょう》が出た。紙を広げてみると、かなり症状の重いと見える病人が、床に臥《ふ》せている絵だ。

文面には「病気　十に六七は命あやうし」「生死　十に八九死すべし」「失《う》せ物　出がたし水中に有事かもしれず」「悦《よろこ》び事　なし」とある。「なし」って、そんなふうに言い切るなよ……。占いをまったく気にしない私でも、ここまで断言されると動揺を禁じ得ない。

順路をすすんだ先で、連《つ》れが護摩木《ごまぎ》と蠟燭《ろうそく》を奉納してくれ、「これで凶運はなくなった。もう一回引いてみろ」と言うのでそのとおりにした。すると今度は大吉が出た。紙を広げてみたら、丘の上に立つ人が、朝日を拝んでいる絵だ。「生死　十に九は生きたり」「望み事　叶ふ」「悦び事　よし」など、先刻のおみくじと正反対のことが書いてあった。なんだかお寺にしてやられた気がしたが、ひとまずこれでホッとしたのも事実。

お寺や神社のなかにはあえて「凶」を置かず、「末小吉《すえしょうきち》」で代用しているところもあるが、それではなんとなく張り合いがない。最下位を決めない徒競走のようだ。ひどい凶を引いた私でさえ思う。凶あってこその、大吉であると。

おみくじは、いわば、自分の運勢を自分で引き当てる占いだ。運勢のよい順番に、大吉・吉・中吉・小吉・末吉・凶だと、うちの神社ではいっているが、地方や神社によって見解が異なる。

おみくじの引き方は主に二タイプで、箱の中に手を入れて、吉凶《きっきょう》判断の書かれた紙を自分で取る一般的なものと、番号の書かれた串の入った箱から串を振りだしてもらい、その番号の紙を渡す「振りだしみくじ」がある。三千院は前者のタイプだったが、うちの神社の場合は後者のタイプ。これだと、紙を渡すほうのこっちも、相手が吉か凶か分かってしまう。

うちのおみくじは全部で五〇番まで。そのうち、凶は二本。二五分の一の確率だ。たくさんの人がおみくじを引くお正月は、もちろん凶の数もそれなりに出る。一度出ると、よく振らない人が次も凶を出したりするから、連続で出たりする。連れがいるときは、凶を引いても逆においしい場合があるが、たとえばおばあさんが一人で引いた場合に、凶を渡すのはしのびない。そういうときは、どうか凶が出ませんように、と祈ってしまう。

不思議な話だが、凶を出す人というのは、また凶を出しやすい。「去年もな、正月ここでおみくじ引いて、凶やってん」と言いながら、今年も凶を出す。反対に、いつでも大吉ばかり引くものだから、「ここの神社、大吉しか入ってないんちゃうの」などと疑う人もいる。

「おみくじ」の発祥は、「ひねりぶみ」という古代の儀式からきているという。ひねりぶみとは、人では決められないことを、神に決めてもらうときに用いられた神聖な手段のことで、たとえば重要な懸案の決定や後継者の人選など、神の意向を仰《あお》ぎたいときに、人の名前や、ことがらを紙に書き、神様に祈ってからひとつを選ぶ。ようするに古代人は、大事なことを決める際、その決定を「偶然」にゆだねていた。偶然イコール神の意志と受けとる思想は、おみくじに一喜一憂《いっきいちゆう》する現代の私たちにも受け継《つ》がれているといえよう。

だが、「おみくじ」の結果にこだわるのは、何も日本人だけではない。私たちは、「おみくじ」に興奮し、肩を抱かれるほど落ちこんだり、飛びあがって喜んだりする外国人に何度も遭遇している。どこの国の人でも、自分で振りだしたおみくじには、それなりの縁を感じるということだろう。

しかし、おみくじの結果が悪く一時的に落ちこんでも、神主さんから「おみくじをあそこの木にかけておいたらね、神様が『き（気）にかけて』くださるから大丈夫ですよ」などと言われてすぐに立ち直れるのは、日本人ならではの特徴だ。語呂《ごろ》あわせで前向きになれるのは我々の特技なのだから。ただし、おみくじは神社が指定している木にかけてほしい。やたらめったら結んでしまうと、木の芽を損《そこ》なうおそれがあるので……。

さて、現在、日本の神社で授与されるおみくじの七割を製造しているのは、山口県の山間にある二所山田《にしょやまだ》神社内の「女子道社《じょしどうしゃ》」というところ。

女子道社のおみくじは、明治三十九年、二所山田神社の当時の宮司さんが、社会における女性の役割の大きさを訴える機関紙「女子道」を発刊し、その資金調達のため、得意の印刷技術を活用しておみくじ製造を始めたのがきっかけとなっている。以来九〇年間、女子道社はさまざまなおみくじをつくり、全国の神社に送っている。当社のおみくじも、女子道社の製造によるもので、文語調で書かれた運勢の上には、和歌が書いてある。内容がちょっと難しいので、小学生以下の子供のために「こどもおみくじ」も入れている。

ところで、おみくじは、持って帰るのか、結んで帰るのか。というのはよく聞かれる質問だ。「大吉は持って帰り、気になることがあれば結んで帰る」と私たちは答えているが、「おみくじに記されている教訓を戒《いまし》める意味で持ち歩き、願いごとが達成したら、お礼参りをする」、というのがもっともよい方法だというのが、正統派の答えである。

いちおう「来るもの拒《こば》まず」ですが

神社やお寺のなかには、夜に門が閉まるところも多いが、うちの神社の境内は二四時間オープンだ。だから、公園がわりに憩《いこ》う方々もおられるし、夏などは物陰にカップルがいたりしてびっくりすることもある。こういう公的な空間では、知らないあいだにさまざまなことが起きているらしく、境内の林の中や、拝殿《はいでん》の裏側から、棒を持った人がササササっと出てきたり、呪文らしきことをつぶやいている人がいたりする。

東京にいた独身時代、井《い》の頭《かしら》公園・動物園にほぼくっついた小さな木造アパートで一人暮らしをしていたことがあった。それは自分の部屋の数百メートル先には象のハナコが寝ているという愉快なアパートだった。建物の古さゆえ、私以外の入居者は全員男だったので、カモフラージュになって逆に安全だと思ったが、実際はそうでもなかった。

公園というのは万人に開かれた空間で、二四時間、あらゆる人が出入りする。それに比例して、公園のそばのアパートというのも、おかしな人に目をつけられやすかったのだ。

あるときは、使用後の避妊具がドアのノブにひっかかっていたし、またあるときは、卑《ひ》猥《わい》な言葉が繰り返された手紙が消印なしで入っていた。某新聞の勧誘を断わったときは、「あんた共産党だろ」とすごまれた。ふとんの丸洗い勧誘員には、「ええっ、ふとん、洗ったことないの？　ねえちゃんそりゃきたねえなあー」と大げさにびっくりされた（ふとんってそんなに丸洗いするものなのか？）。

夕方、公園で楽器の練習をしていると、見知らぬじいさんに「駐車場、ただで貸してあげるから、いせや（吉祥寺《きちじようじ》を代表する焼き鳥屋）に飲みに行こう」と腕をつかまれた。公園で死体が見つかったときには、刑事さんが二度も聞き込みにきて、何も証言していないのに生年月日を言わされた。その公園の池には巨大な噛《か》みつきガメが繁殖して、酔ったあげくに落ちようものなら命の危険すらあった。

一番近くのコンビニの上には三代目魚武濱田成夫《うおたけはまだしげお》が居候《いそうろう》していて、パンツは洗わずに捨てて下のコンビニで毎度新しいのを買うのだと、「ぴあ」に書いていた。散歩をすれば一〇回に一回は、恐怖漫画家の楳図《うめず》かずおさんに遭遇した。

そんなわけで、公園のそばに住んでいたころ、自分を取り巻く環境は、けっして普通とは言えなかったが、住んでいるうちに慣れてしまった。温室育ちの私がたいていのことに驚かなくなったのは、あのアパートに住んだおかげだと思っている。

だから、神社にもきっと、いろいろな人が出入りするのだろうなあ、ということを予想はしていた。

実際、神社には、神がおりてくる人、霊の見える人、ただうろうろする人、コワモテだが信心深い人、さまざまな方がいらっしゃる。あやしい人もいれば、不思議な力を使って本当に人のお役に立っている人もいる。世の中にはいろんな人がいるし、私だってその一人だから、とにかく、先入観なしで人と接していきたいと思っている。

ただ、霊感のつよい親切なおじさまに「あなたには三人の男の生霊《いきりょう》がついています」と言われたときには、返答に窮《きゅう》した。「生霊」って誰だ？　誰なんだ!?

さて、境内にやってくる人で、厄介なのは、賽銭泥棒《さいせんどろぼう》だ。

棒の先にガムをつけて賽銭箱につっこみ、小銭やお札をくっつけて取るという昔ながらのスタイルを貫《つらぬ》く賽銭泥棒。ちょうどよい棒を手に入れるために、手水舎《てみずや》の柄杓《ひしゃく》を折るのはいただけない。

あきらかにバレている賽銭泥棒のおばちゃんは、普段はシミーズ風の服を着用しツッカケをはいているが、まつりの日にはお化粧をし、花柄のワンピースを着て、ちゃんとした靴をはいて賽銭泥棒をする。

最悪なのは、夜中のあいだに賽銭箱そのものを壊す賽銭泥棒。非情な者は、大きな賽銭箱ごと持ち出し、破壊し、中身を奪ったあげく、境内の外にうち捨てる。賽銭箱の修理にはたいへん手間がかかり、中に入っているお賽銭代よりも高くつく。いや、金銭的価値の問題ではない。賽銭箱には、参拝者ひとりひとりの願いがこもった浄財が入っているのだ。そういうものを盗むという精神が、けしからん。あの重い賽銭箱を盗んで、運んで、破壊する腕力をもってすれば、たいていの肉体労働はこなせるはずだ。

近畿のニュースで、滋賀県か奈良県のお坊さんたちが一カ所に集められ、警察官にお説教されている映像が流れたことがあった。仏像の盗難があいつぎ、重要文化財が何体も行方不明だという。警察官は「防犯という意識がない」「まったく対策がなされていない」と、お坊さんに喝《かつ》を入れたが、お坊さんたちは、警察が勧める完璧《かんぺき》な防犯システムで仏像を盗難から守ることを「むなしい気持ちがする」とコメントしていた。防犯システムを入れるということは、そもそも仏像を盗む人がいる、ということを認めることになってしまうのだろう。ほんの一部の心ない者のために、仏像がガラスケースの中に入れられたり、自由に拝めなくなったりするのは悲しいことだ。

夜中にいろいろ考えごとをしたい人もいる。熱帯夜に神社で涼《すず》みたいカップルもいる。真夜中にお百度まいりしたい人もいる。毎朝一番におまいりに来られるご夫婦は、朝四時半にいらっしゃる。そういう方々のためにも、境内の空間は開放していたい。しかし、日々殺伐《さつばつ》としてゆく世の中は、どこまでそれを許してくれるのか。これは切実な問題だ。

神道と外国人

日本人は、みんながみんな、無神論者ではないが、なんとなく、宗教アレルギーみたいなところがある。そのわりには、

「私、中学からミッション系の女子校に通ってたんです」

と言うと、なぜか男性には喜ばれるし、

「巫女さんのアルバイトしたことあるんですよね」

と言っても、喜ばれる。宗教にまつわる清純なイメージは、一般的に、ウケがよい。

が、

「洗礼受けちゃったんですよね、こないだ」とか、

「私、出家《しゅっけ》したんですよー」

と言えば、きっと引かれるにちがいない。宗教の周辺にある文化や雰囲気は認めても、コアな部分に踏みこむことは嫌うのだ。

そのへんの微妙なバランス感覚を、外国の人に説明するのはけっこう難しい。しかも、

神道について説明するとなると、他の宗教に親しんでいる外国人にはとくに説明しづらい。神道は「出家」や「洗礼」にあたる明確なものがなく、いにしえの時代から、連綿と続いてきた習慣や生活にそこはかとなく存在しているものだからだ。たとえば氏子《うじこ》さんといっても一般的には「地元の人」という意味あいのほうがつよいのだから、信者というふうに訳してしまっては誤解が生じる。

フランスでワールドカップがあった年の夏、私はまだ独身で、仕事をしながらやっていたロックバンドのツアーでフランスにいた。私はドラム担当で、ギター&ボーカルの男と、ベースの男、同じレコードレーベルのバンド（こちらがメインだった）の人たちと、レンヌという街のヴィアニーさんの邸宅に泊めていただき、ご近所のフランス人と草サッカーをして、シャワーを浴び、昼寝をした。その晩は、庭でパーティがあった。パーティにはアロハシャツを着用した陽気なラテン系の人々がたくさん集まり、飲み、食べ、歌い、音楽をかけて、踊ったり、喋《しゃべ》ったりしていた。

ほとんどの人が酔っぱらって楽しくなっているとき、ひとりだけシラフの美女がいた。ヴィアニーさんの友達で、アニエスという女性だった。アニエスは真顔で、

「日本の国民は全員、神道か」

と聞いてきた。「シントー」という言葉を知っているだけでもすごい。きっと日本に興味があるのだろうと思った。私が、

「ほとんどの人が、お正月には神社に行くけど、結婚式はキリスト教でやる人が多くて、お葬式は仏教のことが多い」

と答えると、せまりくるような顔で、

「どの神を信じているのか」

と言う。

「そのときに応じて、キリストとかブッダとかカミにお願いする」

と言うと、アニエスは眉間《みけん》にしわを寄せ、

「んー。でも、根本的には神道なんでしょ。神道なんだろ?」

と、押してきた。どうやら、日本人は神道であってほしいみたいだった。私はその迫力に押され、

「はい。そうです、根底にあるのは神道です。それはもう、空気のようなもので。だからとくに、神道だ、と意識しないのです」

と、またしてもグレーな発言を返した。アニエスはイライラしながら、

「じゃあ、フランス人と同じよね。フランス人も、自分はキリスト教だと言っていても、毎週教会に行っている人は少ないから」

と自分でむりやり納得していた。

アニエスは、北野武《きたのたけし》や小津安二郎《おづやすじろう》の映画、ヨージ・ヤマモトの服などにそこはかとなく漂う静けさのムードを、〃シントー的なもの〃として受けとっていたようである。彼女から見れば、西洋のロックバンドの編成で、西洋的な音楽を、英語で歌っていた私たちにもきっと、染《し》みでる〃シントー感〃みたいなのがあったにちがいない。


次のワールドカップは日本と韓国で開催された。私は神社の嫁になっていた。その年の秋、七五三でにぎわう神社にスペイン人留学生がやってきた。彼は学校の授業でレポートを書くため、境内に訪れる参拝客にアンケートを取っていた。二時間ほどさまざまな人にインタビューしたあと、彼は、受付にいた私のところにツカツカとやってきて、

「ここに何の神様がいるのか、ほとんどの人が知らない」

と、嘆《なげ》いた。この日は七五三で、参拝客の人たちは皆、七五三のお祝いに来ている人た

ちだったのだから、無理はない。

「知っている人もいるけど、知らない人のほうが今日は多いかもね」

とフォローしてみたが、

「知らないものに向かってお祈りをしているなんて、ふしぎ」

と、さかんに首をかしげていた。


外国人と話をするとき、宗教の話は避けて通れない。それによって、食べ物や、着るものや、性に対する考え方がある程度決まってくるから、最初に知っておくべきことのひとつだ。


しかし、逆に「あなたの宗教は何？」と聞かれたときに、フツウの日本人はどう答えたらよいのだろう。

「日々なんとなくシントー、結婚はキリストに誓って、死ぬときは極楽浄土を願ってブッダに祈る。やばいとき、神様お願い！　って思うときの神様は、自分だけのもの。それぐらいがちょうどいいのだ」

という感じだろうか。

ちなみに、夫は、

「オレらは神社やから、クリスマスなんて関係ないからな。プレゼントなんて、もろたことない。チビのころからずっとや。したがってオマエにもやらん」

と豪語していたが、夫の姉に聞いてみたところ、

「ううん。小さいころは、毎年、おかあサンタが来てたよ。ケーキも食べた」

と言っていた。そのケーキを、出入りの酒屋さんが注文取って持ってきてくれるところが、神社っぽいといえば神社っぽい。

おとうサンタは、やはり社家の長という立場上、出動しなかったのだろう。

四章

くらしの中のジャポン

盆踊り

世間一般の人は、頭のなかで寺の行事と神社の行事がまぜこぜになっているので、友達が「神社なら、お盆の時期は忙しいだろう」と勝手に推測し、遊びに誘ってくれないことがある。が、基本的に「お盆」は仏教の行事。そもそもの始まりは、お釈迦《しゃか》様の弟子のひとりが、餓鬼道《がきどう》に落ちた母親を救うために始めたものだ。

そういうわけで、神社ではこれといってお盆の行事をしない。うちの場合、例大祭《れいたいさい》は秋で、夏まつりはないので、八月は暇なほうだ。この時期、おとうさんと夫は、毎週土曜日、周辺地域の盆踊りの音響を担当している。

おとうさんと夫、二人の「神社音響班」は、もともと、おまつりのときに行なわれる「奉納のどじまん大会」のために結成された。境内で行なわれる演奏や歌唱を、よいスピーカー、よいアンプ、よいミキサーで、よりよい音質で皆様にお届けするためだ。それが、地域の盆踊りも担当することになり、評判を呼んで、いろんな地区の自治会主催の盆踊り、商店街のまつりの音響など、つぎつぎに頼まれることになった。

彼ら神社音響班の最大のウリは、業者レベルのお仕事を手弁当でやっていること。そしてマニアゆえの、飽《あ》くなき音質へのこだわり。まあ、機材にもお金かけているけどね……。これも地域文化の発展のため、少しでもお役に立てれば本望である。

おとうさん（＝宮司《ぐうじ》）は、もともと大学の電気科を卒業したこともあって機械に強く、しかもジャズやクラシック音楽が好きである。そうなると、必然的に、オーディオ・マニアの極道《きわめみち》を歩むことになる。最近は二〇年前のスピーカーの説明書を、ヤフー・オークションで競《せ》り落とした。スピーカーの中身をあけて、プラグをいいやつに取り替えたり、取り寄せた無亜鉛銀《むあえんぎん》の半田《はんだ》（電導率がよいそうだ）で固定したりと、いろいろといじるのが好きらしい。夫もまたその遺伝子を受け継ぎ、改造関係、手仕事関係、おおよそ得意である。

だが、おとうさんは、オーディオマニアとしては、まともなほうだと思う。筋金入りのマニアはもっと過激である。ぶあついオーディオ雑誌をぱらぱらとめくると、ケーブルが一メートル二〇万円、スピーカーの下に置く石も二〇万円、そして最終的にはスピーカーの鳴りのために部屋までつくってしまう。

まあ、野外の音響ではそこまではしないけれども、全天候型のボーズ（BOSE）のスピーカー、ボーカル（盆踊りの場合は音頭《おんど》取りの人）用のよいマイク、なんてやっていくと、けっこうなお金がかかる。こんなことを書くと、へー、やっぱり神社って儲《もう》かってるんだ、などと思われるだろう。しかし、ウチの神社は自転車操業状態なので、高価な機材ひとつが財政を圧迫する。だからおとうさんとおかあさんの、なけなしのお給料から持ちだしで機材を購入したりすることもある。

盆踊りの場合、午前中にやぐらが組まれる。まずは地元の建築関係の方が足場を組み、板を張って舞台をつくる。次に自治会の方が紅白の幕、提灯《ちょうちん》、四方に竹を取りつける。と同時に、地元の電気屋さんが、電源から電気の配線を行なう。それが終わったら「神社音響班」がスピーカーをやぐらの四方に置き、ケーブルでつなげる。モニター用のスピーカーはやぐらに向けて設置。それからマイク・コードを配線して、音響テントにあるミキサーまで送る。

このあたりの盆踊りは江州音頭《ごうしゅうおんど》という河内《かわち》音頭に似たテンポの速い音頭が多い。「音頭取り（バンドでいうとボーカルにあたる人）」は三、四人が交代でマイクを握り、即興で歌詞をつくって歌う。伴奏はギター、太鼓、鐘の生演奏である。今年は来なかったけど、そこにドラムセットが加わることもある。生演奏と、音頭取りの臨場感！

東京音頭とオバＱ音頭、あとは運動会で踊った「コキリコ節」と「花笠《はながさ》音頭」は知っていたが、江州音頭のような、即興感覚あふれる音頭は知らなかった。アフリカ的なリズムの弾《はず》みぐあいが魅力的な江州音頭、さっそく夫に教わったが、「女踊りは男とちがう」らしく、何度もダメ出しをくらった。

なるほど、じっさいに揃いの浴衣《ゆかた》姿で踊るおばちゃんたちを見ていると、振り付けは同じでも、フリが小さくて、けだるいかんじ。最小限の動きで、通っぽさが出る。そして、浴衣の襟元《えりもと》の抜き具合もポイント。

いい大人になって、やっと盆踊りの魅力が分かってきた今日このごろ、人生の後半戦は「東京音頭」でなく「江州音頭」を踊ることに決めた私です。

神棚のつくりかた

私の実家には、仏壇も神棚もなかった。酒屋の末っ子として育った父は、サラリーマンになり、若いときに独立して家を建て、海外駐在で家にはほとんどいなかったから、神棚とか仏壇とか考えるひまがないまま、月日が過ぎてしまったのだと思う。

一時期は、父がイスラム教の国にいて、姉がカトリックの学校、妹の私はプロテスタントの学校に通い、クリスマスにはキリストチョコを食べ、初詣《はつもうで》は神社に行って破魔矢《はまや》を買い、祖父のお葬式はお寺で行ない、祖母がPL教だったから岡本太郎《おかもとたろう》の「太陽の塔」に似ているPL教のオブジェが居間にある、という時代もあった。宗教的にみれば、カオス状態である。

それでも、お友達の家に行けば、立派な仏壇を見かけることはあった。祖母の家にも、仏壇があった。神棚がある家は、気がつかなかったのか、少なかったのか、あまり記憶がない。おそらく、あったとしても、壁の上のほうに、三角の板を腕にして打ちつけられた簡易なもので、子供の視界には入らなかったのだろう。

夫の家（つまり私が今住んでいる家）の場合は、代々神職《しんしょく》の家なので、お葬式を神道で執《と》り行なう。だから、神棚にはご先祖さまの「御霊《みたま》」がおまつりされている。この場合、神棚は、他の家における仏壇と同じ役割だ。

神棚には三種類あって、うちの神棚のように、先祖の霊をまつっているのは「御霊舎《みたまや》」。お葬式を、神式で執り行なった家にはこれがあるはずである。

また、普通の家庭で「神棚」という場合には、氏神《うじがみ》さんや伊勢神宮《いせじんぐう》、崇敬《すうけい》する神社のお札をまつってある「札宮《ふだみや》」のことが多い。

そして、本当に神様の御霊をまつっているところも、「神棚」と呼ばれる。

多くの一般家庭は江戸時代の檀家制度の名残《なごり》から、お葬式を仏式で執り行なうことが多い。だからご先祖さまは神棚ではなく仏壇の「位牌」におられる。そして、神棚には氏神さまの御札《おふだ》や「神宮大麻《じんぐうたいま》」がおまつりされていることが多い。明治以前は神仏混淆《こんこう》だったのだから、神棚と仏壇が両方あっても不思議ではない。

神棚がなくても、氏神さまや家内安全の御札は、鴨居《かもい》に立てかけたり、壁の上のほうに貼ったりして、おまつりできる。ただ、最近はちゃんと神棚をつくって御札をおまつりしたいという人も増えていて、どのようにしたらよいですかと質問されることも多くなった。

まず、ホームセンターへ行ってみよう。ホームセンターは、ペンキや、犬のおやつや、フライパン、ねじなどを商うかたわら、「宮形《みやがた》」や「日供《にっく》セット」なども扱っている。「宮形」というのは、神殿の形を模したもので、木の扉がついており、その中に、御札がぴったりおさまるようになっている。宮形にもサイズがいくつかあるので、設置する部屋のスペースに応じて買い求めるのだが、大きさによってお札の納め方がちがう。数体のお札をおまつりする場合、宮形が大きいときは神棚の中央に「神宮大麻」、向かって右側に「氏神さま（地元の鎮守神）」、左側に「その他の崇敬する神社のお札」という位置におまつりする。宮形が小さい場合は、重ねて納めることになるが、このときは一番手前に「神宮大麻」、そのうしろに「氏神さま」、次に「崇敬する神社のお札」となる。私は、ナショナル、ローカル、フェイバリットの順と覚えている。

「日供セット」には、三方《さんぼう》（組立式のこともある）、かわらけ、瓶子《へいし》、水器《すいき》、榊《さかき》立てなどが入っている。また、これらがバラで売られている店もある。まず、白い花瓶形の「榊立て」に水を入れて榊を一束ずつ差し、神棚の左右に一対置く。榊はたいていの花屋さんに置いてあるのでそれを求めればよく、最低限一日と十五日に替えるのが原則である（水は毎日取り替えましょう）。円錐形の蓋《ふた》がついた白い器には水を入れ、丸い蓋のついた瓶子《へいし》にはお酒を。それから、二つあるかわらけ（白く平たい杯）には、それぞれ洗い米と塩を盛る。このとき、じょうずに山形に盛るには、まずおちょこにお米をつめてぎゅうぎゅう押してから、ぷっちんプリンを出す要領でかわらけに出すときれいな山形ができる。塩も同様だが荒塩のほうが固まりやすく、形よくできる。三方に、米を中心として右前に塩、左前に水。後ろの左右に酒という配置で置く。三方は、へりに綴《と》じ目のあるほうを手前に向けて神棚に。

これで、榊、塩、米、酒、水が揃《そろ》った。お祝い事のあるとき（誕生日や年祝いなど）には酒や尾頭《おかしら》つきの魚、野菜、くだものをお供《そな》えする。

宮形や三方、榊をのせる神棚は、「明るくて清浄な高いところ（人の目線よりも高い位置）」に、南向きまたは東向きに設《もう》ける。一般家庭の場合は、お座敷か居間。会社の事務所の場合には、長たる人の席の近くや、中心となる場所に設置する。だから、テレビ画面では組長や親方の頭上に、神棚が映りこんでいるのである。

さて、神棚の準備はこれで完了。毎年お正月には、お札を新しいものにかえて、一年間がんばってくださった古いお札は、神社の「納札所《のうさつしょ》」におさめる。これは、神様は清浄を第一とすること、それから、新しいお札で御霊威を新たにされた神様のフレッシュな「みたま」の力をいただくため、さらに、神様への感謝の心を次の世代へ伝えるためでもある。伊勢神宮で新しい御札がつくられたら、すべての古い御札は効力を失う、という説もある。

一年に一度、新たな気持ちで神棚に向かい、また、ことあるごとに神棚に向かってパンパンと拍手《かしわで》をうつことによって生活に序破急《じょはきゅう》とリズムが生まれ、清く正しく美しく生きている気がする。昔の日本映画に出てくる、粋《いき》でいなせで美人な女優になった気すらする。それは宗教以前に、ちょっとした快感だ。これは今まで神棚のない家に暮らしてきた私の素直な感想である。

初宮《はつみや》参り

大吉から、子供の誕生は人生最大の行事のひとつ。子供のすこやかな成長を願う気持ちは、世界中どこの国の人でも変わらない。

新生児の「初宮《はつみや》参り」は、男子は生後三十一日目、女子は生後三十三日目に、赤ちゃんが初めて地元の神社にお参りする行事だ（日にちについては、地方によってばらつきがある）。自分たちの赤ちゃんを産土様《うぶすなさま》の産子《うぶこ》もしくは氏子《うじこ》として認めていただくというもので、産土様とは、赤ちゃんが生まれた土地の、地縁的な神様のこと。その神様に向かって、「今度この土地に、こんな赤ちゃんが生まれましたよ。どうぞ見守ってくださいまし」とお願いする。

家でお産をするのが普通だったころは、お宮参りの日に初めて赤ちゃんが家の外に出る、という記念すべき日だったという。現代では必ずしもこの日に出られるわけではないし（それよりもお父さんが休みを取れる日や、大安吉日の日を選ぶ方が多い）、初宮参り以前に外に出ることだってある。でもやっぱり、「おひろめの日」、ハレの日であることに変わりはない。

地方によっていろいろだが、初宮参りの標準形は、「父方の祖母が赤ちゃんを抱き、いただいたご祝儀袋《しゅうぎ》をぶらさげて、赤ちゃんの両親をはじめ家族みんなで地元の氏神様に行き、氏神様に赤ちゃん誕生の報告をして無事成長を祈願する」というもの。

神様に赤ちゃんの存在を印象づけるためにわざとつねって泣かせたり、お参りの帰りに、会う人ごとに赤ちゃんを見てもらい、赤ちゃんがその土地の一員になったことを認めてもらう、という土地もある。大阪では、道中の魔除《まよけ》のために、赤ちゃんの額《ひたい》に、朱で男の子は「大」または「犬」、女の子は「小」と書く。これによって、ひと目で男女が分かるという知恵でもある。現代では、口紅で書いてあげることが多い。

神社では、神主が赤ちゃんと家族をお祓《はら》いし、神前で祝詞《のりと》をあげて神様に誕生の報告とすこやかな成長をお願いし、両親が赤ちゃんに代わって神様に玉串《たまぐし》を捧《ささ》げる。最初と最後には「どんどんどんどん！」と、かなり大きな音で太鼓《たいこ》を鳴らすが、新生児は肝《きも》が据《す》わっているので、熟睡をつづける赤ちゃんが多い。このとき、「泣いたほうがよい」という説は、神様に赤ちゃんの存在を印象づけられるから、という理由だそうだ。

初宮参りの「おさがり」は、神前で一緒にご祈禱《きとう》して、帰りにご両親に手渡される。神社によって「おさがり」はまちまちだが、うちの場合は、お守りや絵馬の他に、赤ちゃんの手形を押す誕生記、神社の焼印入りお喰《く》い初め箸《ぞうばし》、それに、喰い初め式のための器やスプーンが入った「お喰い初めセット」などを入れている。神様からいただいた清浄な器で、はじめてのごはんをいただくというわけだ。

初宮参りは私にとっても嬉《うれ》しい仕事。ご家族の幸せを分けてもらえる気がするし、新生児というのは不思議なエネルギーを持っていて、近くにいるだけで力が湧《わ》いてくる。

ところが、そんな初宮参りにおいても、ごく稀《まれ》に、自分の内に葛藤《かっとう》をもたらすできごとが起きる。

その日にみえたご家族は、夫と双方の祖父母がそろっているのに、赤ちゃんの母親の姿が見えなかった。受付をしていた私は、お姑《しゅうとめ》さんに何気なく聞いてみた。すると、

「嫁は鳥居の外で待たせてある」

とおっしゃる。

「どうかなさったのですか？」と聞くと、

「子供を産んだばかりの女は、境内には入れない」という答えだった。

ややっ、このお姑さんは、きっと九州出身にちがいない（友達の話では、九州の、三男の嫁は、みんなで食事をするときでも、お座敷ではなく廊下に座って、みんながとり終わったあとの、具のない汁物を飲むという。本当かどうか定かでないが、この話を聞いて以来、私の中の九州はそういうイメージになった）。

ご祈禱までの待ち時間、どう対処すべきか思いをめぐらせた。夫と妻の出身地が違う場合、時として、初宮参りが異文化のぶつかり合いの場にもなる。こういうとき、第三者はどうしたらよいのか？

ひょっとしたら、このお姑さんの言うことには何か深い意味があるのかもしれない。

「秋茄子《なす》は嫁には食わすな」って諺《ことわざ》は、ケチ心からではなくて、体を冷やさないようにという気づかいからだと言うではないか。ひょっとしたら、嫁の産後の肥立《ひだ》ちを気づかって、お宮参りには来させない、という意味なのかもしれない。

いや、だとしたら、鳥居の外で待たせるのはどうなのか？　ましてやこの炎天下に……

うーん！

私はこの厳しいお姑さんを何とか説得せねばと思い、

「ここの神さんは、ぜんぜんオッケーなんですよォ。ぜひ、お嫁さんも、ね、ね！」

と、文章になっていない日本語で説きふせ、お嫁さんも拝殿に上がっていただくことにした。お姑さんはしぶしぶながら了解してくれ、宮参りは無事終了。めでたし、めでたし。


しかし、後でおとうさんに聞いたところによると、初宮参りが赤ちゃんの生後三十日前後に設定されているのは、赤ちゃんの忌《いみ》がこの頃に明けるから。産んだ母親の忌はその約倍の日数（七十五日）なので、この時点ではまだ明けていない。だから、昔は初宮参りというのはお姑さんが赤ちゃんを抱いてくるものだったそうだ。知らなかった！　私はあのお姑さんを九州出身の厳しい人だと思っていたが、じつは古い習慣を知っている人だったのだ。もちろん、現代では産後の忌という概念そのものが失われ、赤ちゃんを産んだ母親も一緒にお参りするのが一般的。だけれど、人の家のしきたりについてモノ申すのはやっぱり百年早かった。お姑さんゴメンナサイ。

酒を飲むのも仕事のうち

おとうさんは料理が好きで、とくに、おでんはプロの領域に達している。つくりながら自分で「あー、おでん屋やりたい」とつぶやいた、そのせりふがあまりにも素直だったので、私は真剣に「境内でおでん屋さんを開けばいいのに」と思った。『おでん 宮司《ぐうじ》』という店、どうであろうか。ごりやくがありそうだ。

おとうさんは、大勢の人が出入りする冬場は、「しし鍋」に「粕汁《かすじる》」「しょっつる鍋」など、さまざまな鍋をつくってくれる。

あるとき、北陸に研修旅行に出かけたおとうさんが、大きなカニを一人に一匹ずつ、買って帰ってきた。私は生まれて初めて、まるごと一匹のカニを、自分で解体しながら食べた。おとうさんの指示どおりに、胴体の甲をバキバキっとひらくと、内部は思ったより気持ち悪くて、毛もいっぱい生えていた。それをちぎって取ると、「かにみそ」がたまっている。そこに日本酒をそそいで、「かにみそ」と一緒に飲んだら、唸《うな》るほどうまかった。

さんざんほじくり出したあとに、殻《から》がのこったので、舐《な》めたらうまかろうと犬にやったら、バリバリと殻ごと全部食べてしまった。おとうさんは、「大丈夫、カルシウムや」と言った。

こういうごちそうの日には、普段忙しくてあまり聞けないおとうさんの話を聞くことができる。

戦後すぐは食べるものがなかったので、あひるを飼ってそれを締めて食べたりしたこと。あひるは、自分で近くの川まで遊びに行き、自分で帰ってきていたこと。そのころは、淀川《よどがわ》でも泳げたこと。淀川に網をかけたら、フナがおそろしいほど捕《と》れて、それを大豆と一緒に煮て食べた、それが貴重なたんぱく源だったこと。家のとなりに畑をつくり、野菜を栽培していたこと。

それから大人になって、いかにして、さびれた神社を復興させていったかという話。商売っけがなく、学問的な研究ばかりしていた先代の話。自分より年上の総代《そうだい》さんたちと、どうやってつきあってきたかという話。

初めて食べる料理同様、私にはどの話も新鮮で珍しい。戦後の食糧難のころの話が、私には失われた遠い楽園に思えるのだから不思議だ。

昔を振り返る話の中でおとうさんが、笑いながら、

「わしは、コレでやってきた」

と言い、飲んでいる酒を指さした。

神社の仕事には、お酒がつきものだ。まつりには、神様と一緒に酒を飲み、ものを食べる直会《なおらい》もあるし、総代さんたちと会合を開くにも、まずはお酒。総代さんたちの多くは酒豪であるため、宮司も相当量の酒を飲まねばならない。お酒につきあうことこそ、地元の人の信頼を得るための大事な手段だといえる。

将来宮司になる予定の夫は、酒をそれほど飲まない、というよりほとんど飲まない人であったが、神社で働くようになってから、じょじょに飲むようになり、今では、家で自分から晩酌《ばんしゃく》すらするようになった。シャイなイラストレーターだったはずが、すこしずつ、飲兵衛《のんべえ》神主へと変身しつつあって、ちょっぴりイヤな予感がしてきた。お酒が大好きな私としては、家でも飲めるようになって嬉しいことは嬉しいのだが。

神社関係の宴会の席にいると、当然だが、かならずお酒をすすめられる。そういうときは喜んで頂戴《ちょうだい》することにしている。すると、「嫁さん相当飲めるクチやね」というノリになってどんどんお酒をつがれる。とりあえず、来るものは拒《こば》まずいただく。酔いがまわってくると、私の関西弁もとたんに上手になる（お酒が入ると英語がうまくなるのと同じ原理です）。気がつくと、となりのおじいさんと盃《さかずき》の交換をしていた。ついでに敬語も忘れ、四〇も年上の人に「あんた、それじゃアカンよ」とお説教をしている自分がいた。

ふと我に返り、「しまった」と後悔しても時すでにおそし。夫から冷たい視線で「ほどほどにしとかなあかんで」と釘《くぎ》をさされる。そんな晩は、いつもより長い時間、犬の散歩に出かけるのだった。

おいなりさん

毎月一日と十五日に、お花屋さんをのぞくと、かならず緑の葉っぱがついた枝が、二本セットで置かれている。これは榊《さかき》といって、神棚にお供《そな》えするもの。

榊は、ツバキ科常緑樹の葉で、繁栄を意味する木。また、神域との境目《さかいめ》を示す「さか(いめの)き」でもある。神社では、ご祈禱《きとう》や地鎮祭《じちんさい》に使うので、いつもの花屋さんが届けにきてくれる。うちの境内の森にも榊の木が十数本あって、祓串《はらえぐし》などの重要なものはその木を使っているが、なにせ森が小さいのでそれだけでは足らない。毎日たくさん使う榊の枝は、花屋さんから仕入れているのだ。

毎月一日は、「お一日(おついたち)」と呼ばれ、神社におまいりに来る人も多い。月はじめに神棚の榊をかえ、おまいりもして、今月も無事に過ごせますようにと祈願する。「おついたち」と十五日はお供えものが増え、おいなりさんの社《やしろ》の扉が開いて、中のキツネの像をお見せする。いわゆるご開帳というやつ。

神社の境内には、本殿《ほんでん》や拝殿《はいでん》など大きな建物の他に、お末社《まっしゃ》と呼ばれる小さな社があり、その神社にゆかりのある神様をおまつりしている。おいなりさんもそのひとつである。信心ぶかい参拝客の方は、本殿だけでなく、お末社のひとつひとつに手を合わせていかれる。

おいなりさんの社の中には、一〇匹ちかくのキツネの像がこちらを向いて入っているが、「おついたち」はその社の扉を開け、夜はろうそくの明かりで照らす。すると、どなたかが、あぶらあげをお供えしていってくださる。あぶらあげはキツネの好物なのだ。

「おついたち」に、チルー（うちの犬・紀州《きしゅう》犬雑種）を境内に連れていくと、必ずこの社の前に行って、「ウー」と唸《うな》る。自分と同じぐらいの大きさのキツネが、何匹も、こちらを向いているからだ。もっと近くに連れて行くと、火がついたように、がるる、がるる、わおーっ！　と吠える。それぐらい、キツネの像がリアルな形をしているということだ。しかし、吠えられても動じないキツネに逆に恐怖を感じた犬は、わんわんわんと吠えながら一歩ずつ後ろにさがっていき、「いまにみてろよ」というそぶりをしたのちに、急いで逃げる。ふだんは勇ましく巻いた尻尾《しっぽ》もこのときばかりはだらんとしている。毎月、一日と十五日にこの愚行をくりかえす我が犬は、やはり駄犬なのであろうか。

　おいなりさん（＝キツネ）の神様のルーツは、謎につつまれている。おいなりさんは「稲荷神」で、文字どおり、稲の神様、すなわち五穀豊穣《ごこくほうじょう》をもたらす神様。山の神が、春になるとおりてきて田の神となり、秋にはまた山に帰っていく。キツネは、その神様が山から降りてきたり帰ったりするときの「つかい」だという。

しかし、おいなりさんの起源はあまりにも古く、地域によってもさまざまな言い伝えがあるため、はっきりと「こう」とは言いがたい。ともかく、全国に広がっている民間信仰の最たるもの、それが「おいなりさん」だということだ。そしておいなりさんは、その親しみやすさから、集団や地域としてよりも、個人として受け入れられることが多かった。

小さな社のおいなりさんがあちこちにあることも、そういう特色を表している。知らない街で路地に入りこみ、ふとした拍子《ひょうし》におい なりさんに出くわし、そこにきちんとお供えものがしてあったら、なんとなくホッとする。

五章

まつりだヨ！　全員集合

女道《おんなどう》の師匠

「大阪はスナックが多い」

関東地方から訪ねてくる友人たちが大阪の街を散策する際、かならず抱《いだ》く感想である。ジャージ姿に野球帽のおじさんたち同様、スナックの存在は大阪の街にとって空気のようなものだ。若くて十代、二〜三十代は当たり前、上は八十代のおじいさんまで、スナックでカラオケを歌うことが日常的な楽しみのひとつになっている。神社の前にもスナックが一軒あり、夜になれば演歌が風にのって聞こえてくる。

夫の小・中学時代の友達でも、「おかんがスナックのママ」という子が、クラスに数人はいたという。彼らのおかんは、金髪にかぎりなく近い茶髪で授業参観に来ていたというから、カラーリングという点では、早かった人たちだ。

そういう土地柄だから、きれいにお化粧をした華やかな中年女性が商売繁盛《はんじょう》のご祈禱《きとう》に来れば、ああスナックのママさんだなあ、と思う。お店の名前が「純子」とか「ハッピー」なら間違いない。浮き沈みの激しい水商売の経営者は、そのぶん、神様に願をかける、きっぷのよい人が多い。

人生のどじまん

大阪のスナック文化を反映しているのが、秋まつりとえびすまつりに行なわれる「奉納のどじまん」。先々代の宮司《ぐうじ》のころ、カラオケなどない時代にアコーディオンの伴奏で始まった由緒ある大会だ。とくに、エントリー制の秋まつりは、レベルが高い。応援にも熱が入り、スナック対抗戦の様相を呈している。スナックの中にはカラオケ教室を兼ねているところもあり、そこに通う方々のあいだでは、わが神社の「奉納のどじまん」が一種の権威になっているらしい。

黒い着物に白い帯で『女鬼龍院《おんなきりゅういん》』という歌を歌った人は、ドスのきいた語りといい、歌いっぷりといい、どう見ても極道の妻としか思えなかったが、じつはそうではなく、さまざまなのどじまん大会で優勝をさらっている「のどじまん荒らし」だという。対抗馬として、裾《すそ》をひきずって歩く宝塚スターみたいな紫のドレスを着て、ニュー演歌を妖艶《ようえん》に歌う女性もいらした。

コミカル担当では、叶《かのう》姉妹を意識して「つけ胸」で登場したおばさまや、ピンクのレオタード&タイツ姿で背中にダンボールの羽根《はね》をつけて『大阪すずめ』を歌ったおじさんも。なんとその羽根は可動式になっており、おじさんが歌に合わせて自分で紐《ひも》をひっぱると、ぱたぱたと羽ばたくようになっているのだった。

また、ダンサーとして「あてぶり」というジャンルの日本舞踊隊が加わることもある。「あてぶり」というのは、演歌の歌詞にちなんだ動きをする、ニュー日本舞踊のようなもので、たとえば歌詞に「お月さんが」とあれば月を指さし、「泣いて泣いて」だったら涙をぬぐうしぐさをするのである。ようするに、歌詞をそのまま踊りにした創作舞踊だ。若者たちに「よさこい」がブームとなっているその蔭《かげ》で、中高年層には密《ひそ》かに「あてぶり」がきているのだった。

うちの神社の音響システムの充実ぶりは、前にも述べたが、スピーカーはボーズ(BOSE)の全天候型二〇万円のものが六台、さらにチャンネルが一六個ついたミキサーでコンサート並みによい音を追求。この充実した機材で、私と夫がやることといえば、カラオケ用レーザーディスクの出し入れと、マイク音量の調整ぐらいだ。

だが、大事な仕事がもうひとつ。伴奏をツーコーラスでフェイド・アウトさせることだ。原則として、歌は二番までで、二番が終わった時点でマイクと伴奏の音量を下げて終わりにすることになっている。しかし、曲によっては二番のすぐ後に、いままでとはまったく異なる雰囲気の展開部（いわゆるCメロ）、あるいは語り、ときには詩吟《しぎん》、などが入る曲があり、ウッカリそこに突入してしまうとカットできなくなる。すると序破急《じょはきゅう》の流れ上、最後まで演奏せざるをえなくなり、結局フルコーラス完奏する事態にみまわれる。逆に、曲の構成がはっきりしなくて、一番も二番もサビもわからないような謎の曲のときにも判断が鈍《にぶ》り、わけのわからぬ間に曲が終わることがある。矢沢永吉《やざわえいきち》の曲でそういうことがあった。

審査の公平を期するため、「どこで切るか」は重要で、それだけに腹の痛くなる作業である。けれど、知らない演歌やニューミュージックをいつになく集中して聴《き》くため、『はぐれコキリコ』など演歌界やスナック方面でのみヒットしている曲を覚える機会にはめぐまれる。こうした地味な作業のなかで、曲によっては、ディレイを強烈にかけてダブにしたりして、できるだけ効果的な演出を試み、お客さんにも楽しんでもらえるよう努力しているのだ。

のどじまんの審査には、神社役員、総代《そうだい》さん、プロのゲスト歌手があたり、司会はご近所の娘さんが行なう。優勝賞品は、ステレオミニコンポとトロフィー、そして来年の出場権。二、三位以下にも、マイナスイオン加湿器だとか、グリル付ホットプレート、オーブントースター、ハンドクリーナー、コーヒーメーカーなどが贈られ、参加賞として、ボディソープやビールなどが出る。

ゲスト歌手は、大阪出身の若手、もしくは中堅どころの女性。ド演歌の人が人気である。彼女たちは、着物をトランクにつめて、電車でやってくる。このトランクの質で、歌手のランクが決まっているらしい。

社務所に到着したらすぐに、パパッと着物に着替え、「きょう歌う曲目です」といってカラオケテープを提出してくれる。テープは一曲一本になっていて、どれもA面の冒頭に入っているが、さすがプロ、テープ先端の「あそび」部分はすでに早送りされており、再生ボタンを押したその瞬間からイントロが流れるようにしてある。彼女らは自分の持ち歌は二、三曲しか歌わない。あとは『河内《かわち》おとこ節』や『大阪ドドンパ』『河内酒』、坂本冬《さかもとふゆ》美《み》や天童《てんどう》よしみのヒット曲など知名度の高い曲を歌ってくれる。曲が終わるごとに入るのが「MC（おしゃべり）」で、これが大阪では人気が出るかどうかの大事な要素。
「えー、私も、今年やっと皆様とご一緒に、お酒が飲める年になりました！　うふっ……あれ、本気になさいました？　そんなに若く見えますかぁ？　おおきに♪」（境内爆笑の渦）
つかみですべると後が辛《つら》いが、今年はうまくいったようだ。ただ、私たちはお客さんと一緒になって笑っているわけにはいかない。彼女が、「では次の曲、きいてください」と言ったか言わぬかのうちに、イントロを流すというタイミングを狙っているからだ。そのため集中してステージを見ていると、たとえ無名であっても、プロはフェロモンがすごいなあと感心する。なにより立ち姿が堂々としていて女の私でも惚《ほ》れぼれする。それでいて、舞台から降りてお客さんと握手するときは腰が低い。おじいちゃんやおばあちゃんへの優しい一言は絶対に欠かさず、手で手を包むように握手する。「堂々」と「気くばり」の両刀づかいでお客さんを虜《とりこ》にしてしまうのが、演歌歌手という仕事なのだろう。
ステージが終われば、ササッと洋服に着替え、「おつかれさまでした！」と身ひとつで帰ってゆくその姿はごく普通の地味な女性。舞台で見る印象よりも、かならず背が低い。ということは舞台では大きく見えるということだ。まさにハレとケを使いわけるプロ。

女道《おんなどう》という道があるなら、師匠と呼びたい、演歌歌手の方々だ。

秋まつり

十月十四、十五日に行なわれる秋まつりは、うちの神社の例大祭《れいたいさい》で、前夜祭にあたる「宵宮《よいみや》」と、祭典当日の「本宮《ほんみや》」の二日間ある。大きな神社の盛大なおまつりとはちがい、こぢんまりしたまつりだが、その手づくり感がむしろチャーミングである。大切なのは、地元の子供からお年寄りまでが皆、参加して楽しめることだ。

拝殿《はいでん》には、地元の華道会の方々の生け花作品が並び、神社の横には、野点釜《のだてがま》がでる。野点というのは、お茶室ではなく野外でたてるお抹茶のこと。紅い毛氈《もうせん》を敷き、傘をたててお茶の空間をつくり、そこでお抹茶を楽しむ。二〇人弱のお茶人がたてるお茶は六〇〇杯。つける生菓子六〇〇個。餃子一日一〇〇万個の王将チェーンにはかなわないが、茶人は大忙し、茶筅《ちゃせん》の先も、しまいにはぼろぼろになってしまう。

宵宮の夕刻には、学校帰りの子供たちがわらわらと集まってきて、子供のビンゴゲームがはじまる。子供ビンゴは誰でも参加できて、賞品は他愛もないオモチャや弁当箱や文房具だが、総代さんの名司会が冴《さ》えに冴え、子供たちは夢中。ビンゴが出たら、引き替え席へ猪突猛進《ちょとつもうしん》。総代さんが「あわてたらこける。あわてんでも賞品は逃げんから落ち着いてきなさいよ」と注意するほどだ。

ビンゴが終わると、お神楽《かぐら》の時間。お神楽は、参拝者が神様に奉納するもので、お初穂《はつほ》料をいくらか包んで渡すと、お神楽の人たちが、神楽殿で楽《がく》を奏《そう》し、舞を舞い、奉納した人の頭上で鈴を振ってお祓《はら》いをする。お初穂料をはずむと、舞の時間も長くなる。じつは、このシステムを知らない人がけっこう多い。みんな、お神楽は勝手に舞ってくれるものと思っているが、そうではなく、参拝者がお金を出して、神様に奉納するものなのである。もちろん我々神職《しんしょく》一家も、奉納して、お鈴を頭の上で振ってもらった。

翌日、本宮《ほんみや》の朝には祭典が行なわれる。参列者は、神職、総代さん、ご来賓（自治会長や近隣大学の学長さんなど）。秋まつりは収穫の感謝をするまつりでもあるから、お供えものの真ん中はお米と荒稲《あらしね》（もみがついたままの稲）だ。それから餅、酒、鯛、玉子、松茸、栗、干物、野菜、くだもの、塩、水。祭典のあとには、独特の「湯立神楽《ゆだてかぐら》」という舞が奉納される。熱湯をふりまきながら舞う勇壮《ゆうそう》な神楽だ。

それが終わると、まだ昼間ではあるが、直会《なおらい》（76ページ）という宴会になる。秋の直会では、神前にお供えした松茸がスキヤキに投入される。松茸はあらかじめ八百屋さんに注文しておいたもの。私は台所でまるのままの、しかも大量の松茸を前に、「これで四万円かあ」とため息をつくばかり……。しかし、年に一度のまつりの日にケチってなんていられない。いよいよきびしくなったら、いつしかエリンギになる日も来るかもしれないけど、それまでは、松茸でがんばるぞと。

直会が終わると夕方からは子供マンガ映画の上映、子供と大人のまつり太鼓《だいこ》、そして奉納のどじまん大会、演歌歌手のショーというぐあいに、お楽しみタイムが待っている。二日間とも、夕刻からは夜店が出て、金魚すくいやゲーム、たこやき、大阪焼き、ソースせんべい、りんご飴、ベビーカステラ、焼きそば、おもちゃ屋さんなどが並ぶ。

夜店の人たちは、まつりの日になると、とくに連絡しなくても来てくれる。それは正月も、えべっさんのときも同様で、店を出す場所もそれぞれに決まっている。神社はカシラの人とだけ、水道やゴミについての話をつければ、あとは向こうの仕切りでやってくれるというわけ。毎年同じ顔ぶれなので、境内のどこに何があるかも承知で、搬入《はんにゅう》も撤収《てっしゅう》もすばやい。そのうえ、牛すじの煮込みやベビーカステラを差し入れしてくれたりする。露天商には露天商にしか出せないムードというのがあって、まつりには欠かせない存在だ。

ときどき、まつり以外の日に、出先でバッタリ、露天商のにいちゃんを目撃することがある。他のまつりや、駅前で、屋台を出しているところを見かけることもある。まつりの日にしか会わない顔に、日常で出くわすと、なんだか不思議な感じだ。

さて、境内ではマンガ映画の上映がはじまる時間。マンガ映画といっても、境内の広庭に白い幕を下げて、年代物のプロジェクターで「マンガ古事記《こじき》」や「日本の民話シリーズ」、「ドラえもん」や「忍者ハットリくん」などを映しだすだけだから、画質は悪い。でも、子供というのは雰囲気を重んずる。境内で、夜店の発電機の音がブーン、と鳴っているところで、悪い画像でマンガ映画を見るのがいいのである。学校の給食でたまにケーキが出たときに、妙においしく感じるのと似ている。子供たちは地面に座ったり、立ったりしてソースせんべいをかじりつつ、画面に見入る。おとうさんの膝にのせてもらっている小さな子供もいる。これが昔は紙芝居だったのだろうなーと思いながら、ビデオの音声をマイクで拾う私。

その近くで、悪がきどもはプロジェクターの前をわざと横切ったり、ピースしたり、「あーこの話知ってる」と次の展開をバラしたり、台を揺らしたり、マイクで勝手に喋《しゃべ》ろうとするなどの悪戯《いたずら》をはたらく。私はそれを阻止するために「コラ」「やめとけっ」を連発する。

子供たちをどやしつけていたら、急にカミナリがどかーんと落ちて、耳が張り裂《さ》けそうになった。そして雨がざざーと降りだし、雷は引き続きゴロゴロ、どかーん、ピカ、ごろろろどかーん、と鳴りつづけた。光と音の間隔が短くて、かなり近かった。

急いでプロジェクターを撤収し、子供たち数人と一緒に神楽殿の下へ逃げた。雨はしばらく降りつづけ、二〇メートルほど先の拝殿の横にも子供が数人、雨宿りをしているのが見えた。

「俺、あっちを見てくる」

「大丈夫?」

「大丈夫や」

走って行った男の子は小学校三、四年生ぐらいで、顔はまさに決死の覚悟といった感じ

だった。すると別の男の子が、

「どうしよう。足に力がはいらへん……」

と弱々しい声でいった。さっきの、あまりに大きかった雷の音のせいでびっくりしたのだろう。走り出そうとしても、足が動かなかったのだ。

「大丈夫、大丈夫。もう少ししたら力入るようになるから」

みんなでしばらく、呆然《ぼうぜん》として雨を見つめていた。さっきまで賑《にぎ》わっていた境内が、今はどしゃぶりの雨に打たれている。なんだか不思議な感じ。


雨は三〇分ほどであがり、その後の空は嘘みたいに晴れあがった。雨に濡《ぬ》れて震《ふる》えていた子供らも、おかあさんから手ぬぐいをもらって体をふき、すぐに元気になった。そのすぐ後に行なわれた子供たちの「まつり太鼓」は、練習不足でふにゃふにゃのはずが、雷のおかげで気合いと結束が強まったのか、いつもの百倍うまい、見事な演奏になった。指導してくれた市役所の太鼓サークルの人がびっくりするほどの出来映《できば》え。雷は神様の良心的いたずらだったのかもしれない。

［著者後記］「奉納カラオケ大会」は、ここ数年ほど、上方の落語家による「奉納落語」に替わっている。祭典は古代からほとんど姿を変えないが、「神にぎわい行事」（75ページ）はその内容に時おり変化をつけているのだ。

熱湯注意！　湯立神楽《ゆだてかぐら》

ぐらぐら煮えたぎる湯の中に、緑の葉茂《しげ》る笹《ささ》の束《たば》を浸《ひた》し、それを取りだして振り回し、熱湯のしずくを飛ばしながら舞い踊る巫女《みこ》さん。

この神事は、秋の例大祭にだけ行なわれる「湯立神楽《ゆだてかぐら》」で、浪速《なにわ》地方に古くから伝わる神楽舞だ。祭典の参列者にお湯のしずくがかかって「あつ」「あつ」と小さな声が聞こえてくるが、このしずくには「ごりやく」があるので我慢、我慢。

まつりにかかせない「お神楽」は、音楽と舞の神事芸能で、神様を呼び寄せ、喜んでいただくためのもの。『古事記《こじき》』の中で、天《あま》の岩戸《いわと》に隠れたアマテラスオオミカミを、アメノウズメノミコトが楽《がく》をして岩戸の外へ誘いだしたのがはじまりだ。この「お神楽」と「クガタチ」という古代の儀式がドッキングして「湯立神楽」が生まれたと考えられている。

「クガタチ」というのは罪の有無を占う、古代の儀礼だったそうだ。巫女や神職《しんしょく》が、釜の中の湯に笹や榊《さかき》の葉をひたしては振り、みずから体に熱湯を浴び、釜の周囲にも振りまき、これを反復する。この動きが、占いから次第に「穢《けが》れを祓《はら》う儀式」へと意味を変えていき、「舞」になり、「音楽」に合わせるようになって湯立神楽になったらしい。

湯立神楽の準備は、釜に湯を沸《わ》かすことから始まる。鋳物《いもの》の大釜は、天保《てんぽう》年間に氏子さんたちから奉納されたもので、側面にそのことを示す刻印が入っている。木の蓋《ふた》は、ふちが燃えてぼろぼろだ。

神社には、普段から近所の大工さんが廃材を置いていってくれる場所がある。秋まつりが近くなると、その廃材を適当な大きさに切って薪《まき》にする。そして釜の下に積み上げ、新聞紙で火をつけて燃やす。まつりが始まる時刻にちょうどよいあんばいで沸騰させるためには、一時間ぐらい前から沸かすのがよい。

もーえろよもえろーよー、炎よ燃えろー♪

と、キャンプファイヤー気分で薪をどんどん投入していると、背後から総代さんたちの声がした。

「そんなんじゃー、女中はクビやな！　京都の女中は、薪《たきぎ》一本で米を炊いたもんやで、はははははは！」

「京都の女中」は、「中国四千年」同様、なぜだか説得力があるフレーズである。私は「はっ」と我に返り、最小限の薪で湯を沸かす工夫を始めた。さすがは総代さん、人の教育の仕方を御存じ。

おもむろに湯がしゅるしゅると沸いてきた。湯立神楽が始まるときには、釜の湯が沸騰していて、かつ、薪は片づけられている状態にする。そのため、祭典十分前になったら、薪を火のついたまま手押し車（俗称ネコ）にのせて、境内の裏手に運ぶ。そこで水をかけて火を消す段取りである。フッフッとおだやかに燃えていた薪も、手押し車に乗せて走ると、風で燃えさかり、手前へ手前へと炎がくる。自分が燃えそうである。まつり直前に火だるまになる嫁なんて、縁起わるすぎ！　気をつけよう。

無事に祭典が始まり、釜から湯気がモウモウと出ていたら成功。お神楽《かぐら》の巫女さんが、湯立神楽を舞う。この勇壮な舞もまた、連綿と次の世代に受け継がれて行く。

七五三の裏側で

東京の、JR中野《なかの》駅近辺は、犬公方《いぬくぼう》こと徳川第五代将軍綱吉《つなよし》の時代には巨大な犬舎があり、そこに一〇万匹の犬が飼われていたという。犬舎の中で犬たちはふかふかの布団で寝、白米と魚を食べた。むろん、綱吉が発令した「生類憐《しょうるいあわれ》みの令」によるものである。

この話をうちの犬（紀州犬雑種）が聞いたらどう思うだろう。毎食乾いたペットフードをみそ汁で腹に流しこみ、雪の日でも外で寝、夏にはセミを仕留めて食う犬だが……。

「イヤァ、犬は外で自由にさせてもらうのが本望ですから。これで十分」と言うのか、

「犬公方さま万歳！　犬だってふかふかの布団で寝たいワン」と言うのか。これぱっかり

は犬に聞いてみないとわからない。

そんな「生類憐みの令」のために、とかく変わり者呼ばわりされる綱吉だが、日本犬をこよなく愛する私にとっては、ある意味ヒーローである。そして心のかたすみで気にしていると、それにまつわる情報が自然と入ってくるものだ。七五三というイベントのルーツが綱吉にあるという説も、そのひとつであった。

綱吉が自分の息子「徳松《とくまつ》」の祝儀《しゅうぎ》を十一月十五日に行なったことから、下々の者たちも子供の成長を願う年祝いをこの日に行なうようになった、というのが、七五三綱吉ルーツ説。昔は、立派な大人になるまでに亡くなる子供も少なくなかったから、節目節目に、子供が無事に成長したことを祝う儀式があった。三歳の男女は、髪を結うために髪を伸ばし始める「髪置（かみおき）」の儀式。五歳の男児は、初めて袴《はかま》をつける「袴着（はかまぎ）」の儀式。七歳の女児はそれまで付け紐で着ていた着物から帯でしめる着物に替える「帯解（おびとき）」の儀式。これらが年祝いと呼ばれるものだ。

現在では、年祝いは「七五三」という呼び名になり、親子そろって神社に参詣して、無事を感謝し成長を願う神事になった。洋髪、洋服が習慣になった今では、七・五・三という年齢にこれといった意味はなくなってしまったが、三歳の女の子の晴れ着には帯がついておらず、七歳の着物には、ついているところなどに、年祝いの名残《なごり》が見られる。

七五三は子供のおまつりだから、十一月の神社は楽しい雰囲気に満ちあふれる。そしてそのぶん、小さな事件もあちこちで起こる。たとえば、ご祈禱が終わって、控え室からパンツ一丁で飛び出してきた女の子。その憤怒《ふんぬ》の形相《ぎょうそう》から察するに、よほど着物がきゅうくつだったのだろう。

社務所のトイレにペーパーの補充に行ったときには、「三歳の男児が袴を脱いでウンチをしようとしているのだが、緊張のあまりウンチが出ない」という場面にも出会った。男の子の母親が、大きな声で「どうせ出えへんのやろ？　そんな気がしただけやろ？」とせかすのだが、男の子はうつろな顔で「うーん、うーん」と力なく踏《ふ》ん張るだけであった。また、別の男児はおもらしをしてしまい、父親が替えのパンツを買いに行っているあいだ、フリチン姿でおとなしく待っていた。彼らにとって七五三が苦い思い出にならないことを祈るばかりだ。

考えてもみてほしい。三歳（数え年で来ている場合は満二歳）の子供にとって、いっちょうらの着物と草履《ぞうり》で長時間過ごすのは初めての体験である。女児の場合は、幼いながらもすでに「お洒落《しゃれ》に我慢はつきもの」「いま私は美しい」ということを悟《さと》っているのか、案外堂々としたものだが、ナーバスになりやすいのは男児のほう。泣いたりおもらししたりするのも男児が多い。

さて、大きい神社の場合は、五〇人とか一〇〇人、拝殿《はいでん》前の広場でいっぺんにお祓《はら》いしたりするけれども、うちみたいな小さな神社は、五〜六組ずつ、多くても一五組を、拝殿の上に上げ、きちんと座ってもらって、祝詞《のりと》をよみあげ、お祓いをする。親御さんたちにも拝殿に上がっていただくので、席はぎゅうぎゅう、まるで小劇場のお芝居のように熱気むんむんだ。普段どおりの「初宮《はつみや》参り」や「方除《ほうよけ》」も同じ拝殿で行なうので、時間のやりくりに骨が折れる。

そうなると、週末には多少の待ち時間も発生する。境内《けいだい》にごったがえす子供と親御さんたち。控え室や広庭にも聞こえるよう、アナウンスでご案内する。

子供たちが退屈しないように、境内には、着ぐるみちゃんが出動。風船をくばる。うさぎ、パンダ、いぬ、くまなどの着ぐるみをイベント会社からレンタルして、アルバイトの男子学生が中に入り、子供たちに風船を渡す。バイト君が一人足りないときに、私も志願して着ぐるみに入った。かねてから一度やってみたいと思っていたのだけど、いざ、着ぐるみの中に入ってすぐに後悔した。ガチャピンやムックがローラースケートしたり、キティちゃんの着ぐるみがピューロランドで綱渡りしたりするのは、とんでもなく大変なことだ。着ぐるみの中は、噂どおり、暑い。Tシャツが絞《しぼ》れるほど汗はかくし、着ぐるみの内側が毛羽《けば》立ってて顔がかゆいのにかけないという、いかんともしがたい環境。口の部分に少しだけ開けられた穴から覗《のぞ》ける視界は、非常にせまい。それに、どんなにがんばっても、五歳男児たちからは「これ、人が入ってんねでー」「着ぐるみや、着ぐるみ」「おーい、人」など言われ、どつかれ、追いかけられる悲しい現実！

しかし、そんなとき、「パンダちゃん、おてててつないで」と近寄ってきてくれるのは、三歳児たちだ。彼らは、いにしえの世では「まだ神の世界にいる」と考えられていた年代。ときどきわけのわからないことを口走ったり、まだ自我がなくてボンヤリしていたりするが、それだけに、着ぐるみの存在を素直に受け入れてくれる。抱きついてきたり、手をつないでずっと離さなかったりして、ちょっぴり嬉しい……。だからなるべく小さい子のほうに近寄っていくようにした。センキュウ三歳児。

それと、バイトの男の子の着ぐるみのしぐさが、非常に上手で、子供たちに人気だったことも付け加えておく。可愛いしぐさは、私より男の子のほうがうまい。

無事にご祈禱を終えたら「おみやげ」の時間となる。当社特製の「七五三おみやげ」は、福袋のようにいろいろ入っている。御守《おまもり》、千歳飴《ちとせあめ》、ちえおこし、などの定番おさがりの他に、大阪の問屋街「松屋街《まっちゃまち》」で仕入れた懐かしのおもちゃが、ぎゅうぎゅうにつまっているのだ。ヨーヨー、動物紙ふうせん、グライダー、シャボン玉、こま、ミニカー、毛笛、クレヨン、絵はがきなどなど、年齢と性別に合わせた品ぞろえ。これらのおもちゃを、手提《てさ》げ袋につめる作業が、七五三期間中の内職仕事。

風船は、本人だけでなく、そのきょうだいにもあげるから、おみやげよりもたくさんの数を膨《ふく》らます。とおりすがりのご近所の子にもあげるので、二千個ぐらいになるだろうか。風船膨らまし機は納屋にあって、毎年この一カ月間だけ出してきて、フル稼働する。赤、白、黄色、青、緑、桃色の風船には、神社名と「七五三まいり」という文字が小さく控えめに入っている。

こうして十一月の社務所のお座敷は、膨らました風船と、おもちゃの入ったダンボール、袋づめされたおみやげ袋などでいっぱいになる。

七五三のときにに、アルバイトの巫女さんがきてくれる。私の役どころは、受付と呼び出し、内職と集計だ。受付をしていて思うのは、子供たちの名前に、「星羅」と書いてセイラと読むような、劇的な名前が増えたなあということだ。女の子も、「子」がつく名前はほとんど見あたらない。今は逆に「子」がつく古風な名前のほうが、目立っていいぐらいだ（注：この頃から一五年たった平成二十八年現在、劇的な名前、通称キラキラネームは、もはやキラキラとは呼べないほど当たり前になった。子供の名前が一発で読めないのはごくフツウのことで、あいかわらず「子」のつく女の子は見当たらない）。

陰陽道《おんみようどう》では、名前をつけるということは、「呪《しゆ》をかける」ということで、とても重要視されている。私の場合は、桃のつく名前をつけられたので、桃の呪がかかっていることになる。神社に嫁ぐことになったときも、「イザナギノミコトが死んだイザナミノミコトに黄泉《よみ》の国で追いかけられたとき桃の実を投げつけて逃げ切ったんだよ」と、桃の苗を植樹までしてもらった。

特殊神事《とくしゅしんじ》みかんまき

年末の行事のひとつに「鎮火祭《ちんかさい》」というのがある。周辺地域、氏子《うじこ》さんたちの火災予防を祈願するまつりだ。別名「ほしずめのまつり」ともいい、ルーツは古代から朝廷で行なわれていた儀式。『古事記《こじき》』のなかで、イザナミノミコトが生み出した「火結神《ほむすびのかみ》」という神様を鎮《しず》めようというのが目的である。

祝詞《のりと》には、火結神《ほむすびのかみ》の出生ストーリーと、奉納するものが述べられている。

「火結神よ、あなたはこんなふうにして生まれた。あなたが暴れると火災が起きてしまう。みかんとお餅を捧《ささ》げますから、どうかおとなしくしていてください」

という内容だ。

そもそもこのまつりは、朝廷では神祇官《じんぎかん》の卜部《うらべ》氏が執行するものだった。卜部氏というのは、占いを専門にしていた一族。亀の甲《こう》を焼いて、その文字どおり亀裂《きれつ》の形によって吉凶を判断する「亀卜《きぼく》」という占いである。この占いで朝廷のまつりごとを補佐した卜部氏は、平安時代以降は天皇の祓《はらえ》を行なう宮主《みやじ》を独占した。その卜部氏が執行していた鎮火祭だけに、このまつりは陰陽道《おんみようどう》の色あいが強いといわれる。

当社の場合は、十二月十三日の夜、拝殿の明かりをすべて消し、蠟燭《ろうそく》一本の火だけで宮司が祝詞をあげ、神主が石で忌み火《いび》を起こす。その忌み火の中にみかんと餅を投げ入れて火を消す、という次第。こうした古くからのまつりの形態を今に残している神社は、数少ないのだそうだ。

この神秘的なまつりが終わるころ、小学生がわらわらと集まりだした。手にはなぜか、スーパーの袋。ご婦人方も、ナイロン製買い物袋を手に、拝殿《はいでん》を遠巻きにしている。いったいこれから何が始まるのか。

答えは、特殊神事《とくしゅしんじ》「みかんまき」である。

鎮火祭の後に行なわれるこの神事、総代さんや神主、お神楽の人たちが、大量のみかんと小餅を、拝殿から境内へまく。小学生やご婦人方は、それを受けとって持ち帰るために、袋を手に待っているのだ。

特殊神事、というのは、まつりや儀式のなかでも、その神社特有の由来を持つもので、オーソドックスな祭式《さいしき》次第や作法とは違う構成で行なわれる。ルーツが古いために、今となっては、どうしてそういう神事をやるのか理由がわからないような、不思議な神事もあると聞く。

当社の「みかんまき」の場合は、「厄年《やくどし》の人が、自分の厄をみかんに移して神社に奉納し、そのみかんを、氏子みんなで受けることによって厄を分散させる」という意味があったそうである。したがって、以前は厄年の人が、ざるに一盛ずつみかんを持ってきて奉納し、神社はそれを酒樽に入れて、まつりの日に境内にまいていた。氏子さんたちも、ひとつふたつ受けとって、帰っていったという。

ところが、夫の父母のがんばりにより、ここへきて箱単位でみかんを奉納してくれる人が増えた。近隣の銀行やスーパー、会社からも箱単位での奉納があり、現在は実に六〇箱ほどのみかんが拝殿に並ぶ。産地もいろいろで、箱のデザインを見くらべるだけでも興味深い。みかんはバラでまくのだが、一個一個が大きいので、豆まきのようにはいかず、キャッチボール感覚となる。子供たちは外野手よろしくジャンプしてみかんをキャッチ、ご婦人方も、「もっとこっちに投げて〜」と主張しながらみかんを受けとる。「飛んでくるものをとる」という動作は人間を興奮させるらしく、境内は異様な熱気につつまれ、趣《おもむき》があるというより、予想外にエキサイティングな神事になっている。もはや「厄を分散させて……」といった本来の意味など、誰も知る由《よし》がなかった。

特殊神事の場合、まつりの中の「ある一面」のみがクローズアップされ、時を経てそれがメインになることがある。「みかんまき」の場合、厄を分散させるという目的よりも、みかんを投げる・受けとるという行為のほうがクローズアップされた。普段、食べ物を粗末にしない日本人にとって、みかんや餅を投げるというのは、タブーを破る快感でもあったのかもしれない。

ある一部がクローズアップされた、ということで思い浮かぶのは、長野の諏訪《すわ》大社の

「御柱祭《おんばしら》」である。私はこのまつりのことを、長いあいだ、「巨木を坂の上から落として、その上に乗って勇気を試すまつり」だと思っていた。おそらく、長野県以外の全国ほとんどの人が、今でもそう思っているはずだ。

七年に一度しかやらないこのまつりは、必ずニュースで放送される。巨木が、崖《がけ》同然の坂道をすべり落ち、男たちはそれに群がって乗ろうとする。巨木もろとも崖をころがり落ちる者、乗ったはいいが、落ちて下敷きになる者……。まさに危機一髪のシーンが展開される。そのたびに視聴者は「諏訪の男はたいへんだなあ。命がいくつあっても足りないなあ」と思うわけだ。

しかし、諏訪に旅行した際、諏訪大社におまいりしたときに、初めて「御柱祭」というのは単なる肝だめしではないということを知った。本当は、山から切り出したモミの大木を一六本、何万人もの手で、二カ月かけて山から引き下ろし、ご神木《しんぼく》として四本ずつ、神社の四隅の延長上に立てるという、長期にわたる神事なのだった。「坂をすべり落ちる」シーンはそのごく一部にすぎないのだった。

アイ・ラブ・注連縄講《しめなわこう》

私が好きな行事ベストスリーに入る、いや、もしかしたら一番好きかもしれない神事が、十二月二十日の「注連縄講《しめなわこう》」。迎春のために、境内《けいだい》にある注連縄を新しくつくる神事である。農家を中心とする地元の方々が藁《わら》を持ち寄り、たたいて、綯《な》って、注連縄にしてゆくさまを見ていると、ちっとも飽きない。いよいよお正月がせまってきたぞ！　とフンドシをしめる気持ちになる（実際にはフンドシをしめた経験はない）。いろんな太さ、長さの注連縄が、藁だけでみるみるできあがっていくのだから魔法のよう。極太の注連縄ともなると、男の人が五、六人、ウンショ、ウンショと綯わなくてはいけない。

注連縄《しめなわ》は、それを張りめぐらしたところが「特別な場所」であることを人びとに明示するためのもの。穢《けが》れを「しめだす」意味があるともいわれる。イナズマのような形をした白い紙（紙垂《しで》という）が四つぶら下がり、注連縄を目立たせている。紙垂《しで》は夜でも月明かりで見えるから、間違って神域をおかすということがないのだろう。

清浄を好む神様のために、注連縄は、毎年新しいものに付け替える。藁は、根元から左綯《ひだりな》いに綯っていき、途中からまた新たな藁を縒《よ》りこんでいくことで、長さを延ばす。最後は藁の先になるので、細くなる。この細くなったほうが向かって左に、太い方を向かって右になるように取りつけるのが原則だ。

注意して境内を見回してみると、意外にもたくさんの注連縄が目に入る。うちみたいな小さな神社でも、拝殿《はいでん》の正面と門に極太の注連縄、拝殿の左右に長くて細い注連縄、社務所の受付、神楽殿《かぐらでん》、玄関、手水舎《てみずや》のぐるり、くぐり戸、遥拝所《ようはいじょ》、西の局入り口に細い注連縄、境内の末社には一本ずつ太い注連縄がある。さらにそれとは別に、輪《わ》注連縄といって、注連縄を輪っかに結んでひょいと引っかけるタイプのものが一八個。これは、倉庫の出入り口などに、お正月だけかけるもの。

つくった注連縄は、注連縄講の人たちと一緒にお祓《はら》いを受け、それから去年のものと取り替えられる。去年のものは、燃やしておしまい。こうして注連縄を、毎年新しくつくりなおすことによって、その技を次の世代にも伝えていく。

私は、なぜこの行事が好きなんだろうと考えたのだが、たぶん、注連縄が好きなのではなくて、注連縄講を構成する農家の人たちが好きなのだ。藁を綯っているときの、ごつくて太い指や、地面に座り、藁をはさんでいる足などに、でっかい安心感を感じる。話しかけたいけれど、なんとなく近寄りがたい、その「いかんともしがたい感じ」もまた、よかったりして……。

一度、農家の総代《そうだい》さんに、農協の人しか入れない喫茶店というのに連れていっていただいたことがある。

農協の人が出しあったお金で運営しているお店だと思うけれど、一歩中に入ったら、まるで昭和初期のリラックスムード。カウンターの中のおねえさんも気さくで素敵。ソファーでは、農協の帽子をかぶった六十代以上のおじさんたちが、新聞を読んだり、お話ししたり、煙草を吸ったりしながら、コーヒーをいただいている。本当に、思い思いに過ごしている感じだ。お店の一角には血圧を測る機械もある。

私はそこで、総代さんをはじめ、四人の方から小学校のころのお話を聞いた。淀川《よどがわ》をはさんで、向こうとこっちで石を投げ合ってケンカした、どこどこの村の誰は強かったなど、九割方、ケンカの話だった。驚いたことに、そのころのケンカで確立されたヒエラルキーは七十歳を過ぎた今でも通用している。小学校時代、ケンカの強かった人は七十過ぎてもやはり、一目置かれているのだ。ただし、そのころは子供の数が少なかったから、同い年の子供たちは学校が違っても合同で修学旅行に行ったそうである。だから、地区どうしケンカすることはあっても、結局は友達になった。ケンカ相手とはいっても実は仲がよいのだ。

話を聞いているうちに、村のすみずみまでが生々しく、すみわたって、子供たちの元気がみなぎっている風景が浮かんでくる。そこに居なかったのに、懐かしい気持ちで胸がいっぱいになった。

なんだか生まれてはじめて、ほんとうに「喫茶」したという気がした。

元旦に来る神様

ところで、注連縄講の日は、神社だけでなく、家のほうも、注連縄の準備をする。一般家庭では「しめかざり」と呼ばれているものだ。

「しめかざり」をするのは、元旦にそれぞれの家にやってくる「年神《としがみ》さま」を迎えるためである。年神さまは、稲を育て、実りをもたらす神様で、正月に降りてきて、一人ひとりに次の一年を配る。そこで、各家庭では、年神さまを迎えるために門松《かどまつ》をたて、しめかざりで清浄な空間をつくり、お供えとして鏡餅を用意する。年末に大掃除をするのも、年神さまを清浄な空間に迎えるためだ。

昔の人は、年神さまに年をもらって、一歳年をとると考えた。だからみんないっせいに、仲よく元旦に年をとった。これが「数えの年齢」。この方式では、生まれた時点で一歳、それから元旦に年神さまに年をもらうたびに一歳年をとる。そのかわり、誕生日には年神さまは来ないので年はとらない。これでいくと、「生まれ年が同じ人は、いつでも同い年」ということになる。しかし、十二月三十一日に生まれた赤ちゃんは、次の日にはもう二歳ということになり、現代の実生活では、なにかと不便。だから現代では、誕生日がくると年をとる、すなわち自分の体の成長に合わせた「満年齢」が主に使われている。

神社では、日本古来の「年神さまに年をもらう」という考え方を引き継いでいるので、厄年の厄祓いなど、年齢に関する行事はすべて「数えの年齢」で行なわれる。この数えかたは女性にはおおむね不評である。「まだ三十一歳なのに、どーして三十三歳の大厄《おおやく》なわけ？」と憤慨《ふんがい》するのもムリはないが、年神さまの顔にめんじて、許してほしい。

正月が勝負

まだ小さな子供だったころ、大晦日《おおみそか》は悪ふざけしてもダラダラしても許される特別な一日であった。「早く寝なさい」と言われないし、真夜中におやつを食べても、ジュースを飲んでも叱られない。お姉ちゃんと紅白を見ながら騒ぎ、後半に演歌歌手ばかりになってくると、こたつにもぐりこんでウトウト。気がつくともう新年がやってきていて、テレビの画面にはお寺が映っており、坊さんが除夜《じょや》の鐘をついている。そのままお風呂に入ると、近所のお寺の除夜の鐘が、湯船のなかのお湯を小さく揺《ゆ》らす。布団にすべりこんで、幸せな二度寝。あしたの朝は、お年玉とお雑煮《ぞうに》と、お正月だけ飲むことを許可されたサイダーが待っている！　それは一日だけベルリンの壁がなくなるような、「自由」の二文字を象徴する一日であった。

当時の私が想像していた「西暦二〇〇一年の自分」は、スペーシーな服（いわゆるピエール・カルダン調）を身にまとっていたと思う。二十一世紀の世の中はリニアモーターカーだって当然走っていて、街全体が宇宙都市の様相を呈しているであろう、ぐらいにしか想像力が働かないほど、果てしなく先の話なのだった。

しかし実際の二〇〇一年、新年になったその瞬間、私は大阪の神社でジャージの上にハッピを着、「祝・皇紀《こうき》二六六一年」（初代天皇御即位からの年号）という金色の看板の下にいた。アレ？　なんだか想像と違うぞ。しかしこれも、ある意味スペーシーではある。

そもそも、二十一世紀というのはキリストの誕生を基準にしているのであって、神道にはまったく関係がない。というより、神道にとって二十一世紀はとっくの昔に来ていたのだ（神道では今、二六六一年だから）。

したがって、境内に金色の看板があるのも、御守《おまもり》や縁起物《えんぎもの》の授与所《じゅよしょ》を金色に飾りつけるのも、ミレニアムとは全然関係がない。今年の流行色がゴールドだから、でもない。大阪（というよりも、うちの神社）では、毎年のことだ。お正月には神矢《しんや》を求めるのが一般的だが、ここでは、「初幣《はっぺい》」という金色の幣帛《へいはく》がよく出る。神矢は、魔を射るための弓。初幣は、神様の依代《よりしろ》。意味はともかく、金色でおめでたいということで、初幣のほうが人気が高い。関西好みに見えるが、意外なことに岩手県製。わざわざ東北から取り寄せている。

神社の拝殿《はいでん》につづく参道には茅《ち》の輪《わ》が設けられ、それをくぐっておまいりすると、むこう一年間、無病息災《むびょうそくさい》であるといわれる。茅の輪は、直径一・八メートルほどの鉄の輪に、餅米《もちごめ》の藁《わら》を巻きつけてつくるもので、注連縄講《しめなわこう》のときに宮司《ぐうじ》がつくってきたが、夫にバトンタッチされた。美大でオブジェ制作は慣れているからか、なかなか美しくできあがった。できあがった茅の輪は、参道の両端に杭《くい》で固定し、垂直に立てられる。

大晦日の晩、十一時ごろになると茅の輪の前に人が並びはじめ、元旦午前〇時キッカリに宮司が太鼓《たいこ》をドンドンドン……と鳴らすと、最初の人が茅の輪をくぐっておまいりを始める。茅の輪の前にできた行列は、境内の参道を過ぎて、門を出て、道路に及び、曲がり角を曲がっても、まだ続いている。近年、当社を訪れる参拝者の数は、小さな神社のキャパシティを超える人数に達しているのだ。

今となっては想像できないが、先代のときは、お正月でも自分たちがよその神社に初詣《もうで》に行くほどヒマだったと聞いた。近所のおばちゃんも、「先代のときはなあ、ほんまにさびれた神社でな、赤ん坊を宮参りに連れてきても、ごりやくあるんかいなと思うぐらいやったわ」と語っていた。それが両親の代になってから、自転車で一軒一軒まわって奉納を募《つの》ったり、自分たちでポスターを貼ったり、のぼりを立てたりしてまつりを宣伝して、ようやく盛りあがったお正月を迎えられるようになったのだ。

ところで、人々が大晦日の深夜から社寺に詣《もう》で、そこで新年を迎えてそのまま初詣を行なうが、これは、古くからの「年籠《としごも》り」という習慣からきている。地元の氏神《うじがみ》さまの社《やしろ》にこもって新年を迎えることにより、厄を除《よ》けるという意味があったという。

文献をひもといてみると、初詣という習慣が活発になったのは、やはり江戸時代。この時代は、年籠りのほかにも、「恵方《えほう》まいり」というのが流行《はや》っていた。これは、元旦に恵方にあたる社寺に参拝するもので、恵方とは「その年の歳徳神《としとくじん》がおられる、縁起がよい方向」のこと。だから恵方は干支《えと》によって毎年変わる。

近年の傾向としては、大きくて有名な神社よりも、地元の氏神さまに初詣をしようという人が多くなっている。厄除《やくよけ》のお祓いを地元でする人が増えているのも、うちの神社の参拝者が昔より増えているのも、その現象のひとつであると、近所のおばちゃんが分析してくれた。「地元を見直そう」「氏神様のほうが効《き》く」「メジャーよりインディー」という流れだ。これは、なにも神社に限ったことではない。地域の垣根がなくなる時代にこそ、地元の文化を大切にしようという意識が働くのだと思う。

そんなわけで、今年のお正月、当神社では巫女《みこ》さんや力仕事のアルバイト学生、非常勤の神主さんなど合わせて二〇名ほどが全力投球で働いた。神社の規模と、働く人数、そして参拝者の数とのつりあいがギリギリの線なので、各人の仕事は体力的に結構きつい。その中で私の役割は、夫の姉とともに彼らのお世話をすることと、彼らの休憩中の交代要員である。

基本は、朝昼晩のごはん、おやつ、夜食の準備。鴨《がも》鍋やスキヤキ、寿司など、メニューが豪華なのは、宮司のこだわりだ。二〇人分のおつゆでも、ちゃんと昆布や鰹節《かつおぶし》でダシを取るし、おでんには、くじらのコロ（皮）を入れてコクを出す。年末から三が日までのメニューは宮司が決定して台所に張りだし、買いだしも宮司、姉、私の三人で出かける。その量たるや、「これから籠城《ろうじょう》するのか」というぐらい、すさまじい。スタッフやアルバイトの人の食料を約五日ぶん買うわけで、それに加えて、お供《そな》えものにする果物も仕入れるから、もう、たいへんな量だ。

アルバイトの巫女さんたちが来る大晦日からは、食事の準備ができたら二、三人ずつ順番に食べてもらい、巫女さんが食事をしたり仮眠をとったりしている間は交代要員として授与所に出る。野外でたいまつを燃やす係や御神酒《おみき》係、駐車場係の男の子たちなど肉体労働をする人にとって一番大切なのは食事だから、常に「まだ食べてない人はいないか」「遠慮せずにもっと食べなさい」「休憩とってない人はいないか」「冷えていないか」「スリッパはきなさい」「ホッカイロ入れなさい」なども、心配していなくてはならない。気がついたら、それは私にもっとも欠けている「母性」を発揮せねばならないポジションなのだった。ガーン。こういう点における自分の無能さにこの歳になって初めて気づき、ガクゼンとした。人の面倒を見るとか、気づかいの言葉をかけるというのが、どうしてこんなに難しいのか。なぜ自然にできないのか。それをすんなりとこなしている夫の母や姉を見ると、ますます自己嫌悪に陥《おちい》ってしまった。これはきっと、長かった一人暮らしの弊害にちがいない。

女子大生の巫女さんたちのなかにも、同じような自己嫌悪に陥っている子がいた。「なんかここにいてる人たちって、みんな気がきくから、自分がめっちゃ性格悪いように思えるんですよねえ」

同じような仲間が見つかったので、ちょっとホッとした。

さて、全員が食事を終えたことを確認すると、洗いものが待っている。洗い終わったら次の食事のしこみ。三が日は市場に行けないので、食材のストックを確認しながらの作業だ。元旦の朝は、総代さんたちによる祭典と直会《なおらい》があるのでその準備と洗い物。境内では御神酒が飲み放題なので、それを飲むためのかわらけ（お酒を飲むときの、平たくて小さい皿）も定期的に洗う。この間、まつりのためのお供えものの準備などもある。

三が日も後半にさしかかってくると、寝不足と疲れでわけの分からんことをつぶやくようになる。

「私は洗いものをするために生まれてきた女か」

「一日に三食も、料理したものを食べるなんて……人間って何なんだ！」

「最近アタシの味付け、評判悪いねん」

などなど。とにかく一日中、食事のことばっかり気にしているものだから、頭がおかしくなっているのだった。


頭だけでなく、見た目もかなり、やばい状態になる。大晦日の朝から元旦の夜までは、およそ三六時間、寝られない。元旦の夕刻ともなると、眠気と寒さで顔がむくれ、メイクは落ちて眉毛がなくなり、普段コンタクトの私も目が痛くなって眼鏡をかける。牛乳瓶《びん》の底以上に厚い、緑のセルロイド眼鏡である。服装はダマールのあったか下着を二枚重ね着した上に、近所のおばちゃんにもらったミキハウスのトレーナーとセーターと、汚れたジャージを着て、その上にハッピを着るため、人からは口々に「肥えたな」といわれる。

そういうブサイクなときにかぎって、夫の中学や高校時代の友人が「よぅ」と言っておまいりにやって来る。彼らにとっては、年に一度、お正月に顔見せするのが習慣になっているらしい。これはかなりまずい。こんな姿で紹介されては、絶対にあとで、「あいつの嫁はん、ダサダサやったなあ」と笑われてしまう！　私は彼らに会わないように、そそくさと逃げた。そんな私を見て夫は「お前も女よのう」と言ってせせら笑っていた。くそう。返してくれよ、私のお正月。あのこたつの中で迎える、まったりした元旦を！

みどり色のヒツジ

お正月の社頭《しゃとう》には、御守《おまもり》と御札《おふだ》の他に「縁起物《えんぎもの》」と呼ばれる品物がたくさん並ぶ。干《え》支《と》関連の品々もそのひとつだ。置物に始まって、土鈴《どれい》、絵馬、根付《ねつけ》、携帯ストラップなど、その年の干支をあしらった縁起物は、初詣の記念として、おみやげとして、この時期だけにたくさん出る品々である。

これらの縁起物は、前年の九月ごろに、職人さんや業者さんから見本を取り寄せて検討し、秋のうちに注文する。干支ものは、お正月期間中にすべて授与《じゅよ》してしまわないといけないので、発注数は慎重になる（まさか一二年後まで在庫として残しておくわけにはいかないものね）。注文した品物が届くのは師走《しわす》で、それから神社名の焼き印を入れたり、ハンコを押したりする作業をほどこしたあと、お祓《はら》いして清め、祈願祭をして、三方《さんぼう》や折敷《おしき》の上に載《の》せて一月一日に社頭に並べる。焼き印といっても、神社印の焼きゴテを加熱して、木にぎゅっと当てて付けるもので、焦げて見えなくなってしまったり、逆に薄すぎたり、曲がったりするから、意外と難しい。

干支の置物は焼き物だから、窯《かま》によって個性が違う。人気のあるものはシリーズ化していて、一二個そろえようとしているお客さんもいる。種類も豊富で、一匹の大きいもの、金屛風《きんびょうぶ》のついたもの、親子のもの、紅白の対になっているもの、ちょっと中国風のもの、ファンシーな風味のあるものなどなど……。膨大《ぼうだい》な候補作の中からセレクトするわけだが、自分が「よい」と思ったものが、よく出るとは限らない。私は基本的に大人っぽく単純な意匠が好みだが、一般的には可愛らしくて丸っこいものを好む人が多い。

「その年の干支の置物を家に置いたり、干支ものを身につけていたりすると開運になる」

とか、「干支の動物が今年の守り神になる」ということは昔から漠然《ばくぜん》と信じられているし、なにかとお客様の多いお正月には、玄関に何かおめでたい置物が必要ということで、干支ものを受けていく人がいる。なんとなく例年の習慣で、という人は多い。だが、中にはもっと真剣な人たちもいる。それは、縁起物での開運効果を、本気で狙っている方々だ。

客「あのな、緑色のヒツジあらへん?」
私「いやあ、みんな白ですねえ。小さいヒツジが五匹で五色揃ったのはありますが」
客「ううん、緑だけでええねん。緑のヒツジ」
私「そうなると、ございませんねー。すみません」

しばらくして、別のおばちゃんが来た。
客「緑色の、ヒツジおる?」
私「緑のは、いません。すみません。白か、五色です」

翌日、また別のおばちゃんが……。

客「グリーンのヒツジはあらへんな？」

私「ございませんねえ。なんだか、緑のヒツジをお探しの方が多いんですけど、どうしてなんですか」

客「緑のヒツジやと、金運があがるんやて。コパさんがそう言わはってん」

私「コパって、ドクター・コパ？」

客「そやねん。コパさんの本にそう書いてあってん」

やはり、ドクター・コパ氏の仕業《しわざ》であった。コパ氏は、風水や方位学をもとに独自の具体的な開運学を築《きず》きあげ、マスコミで活躍している人物。そのコパ氏が「東南の方角に緑のヒツジの置物を置くと、運気があがる」と発表していたのだ（金運に限定してはいませんでしたが）。それにしても、緑色のヒツジはこの年、全国でどれぐらい売れたのだろうか。

えべっさん

正月の慌《あわ》ただしさがおさまらないまま、私たちはさらなるまつりへと突入する。一月九・十・十一日に行なわれる、大阪名物「十日戎《とおかえびす》」（通称えべっさん）だ。商売繁盛《はんじょう》の神、えびす様のおまつりであるこの三日間、地元商店会の店主や、建設業、水商売を営《いとな》む人々が訪れ、福笹《ふくざさ》や熊手《くまで》などの縁起物《えんぎもの》を授《さず》かっていく。いかなる商売の人でも来られるよう、このまつりは朝九時から夜十時過ぎまでやっている。

境内には「商売はんじょでササもって来い、ササもって来い」のお囃子《はやし》と、大阪出身の演歌歌手が歌う「えびす音頭《おんど》」（当社オリジナル曲）がくりかえし流れ、頭の中をぐるぐる回って、気づくと口ずさんでいる。そして、ふるまい酒の御神酒《おみき》と甘酒は、飲み放題。境内には綿菓子や焼き鳥、たこ焼き、スーパーボールすくいなどの夜店が出て、能舞台では演歌歌手のステージがあり、最後は飛び入りカラオケ大会でしめくくられる。

えびすまつりに欠かせない縁起物の「笹」は、枯れても葉が落ちぬため「商売が落ち目にならない」という縁起かつぎになる。また、熊手や箕《み》は、お金をたくさん集められるようにとの願いをこめたもので、どちらも農業国らしいアイテムである。年ごとに縁起物を大きなものに替えてゆくと、商売運が上向くということになっているのは、気前のよい人ほど商売もうまくいく、ということかもしれない。

これらの縁起物は、「お初穂料《はつほ》」のおさがりとして、参拝者に授与《じゆよ》される。「おさがり」というのは神様からのおみやげのようなものだ（神社では、「売る」という表現は使わない）。高いお初穂料をおさめると、大きくて豪華な縁起物が授与される。

そこで登場するのが、えびすまつり名物おばちゃん、Kさんだ。福笹授けて二〇年、六十歳すぎてなお、バドミントンの選手で、社交ダンサーで、美人。近寄ると取って喰われそうな迫力があり、そのオーラは京唄子《きようたこ》師匠にも負けていない。

彼女を筆頭とするおばちゃんたちは、このおまつりをはじめた当初から、福笹に、紙でできた小さな米俵《こめだわら》、小判、鯛、大福帳《だいふくちよう》、打出《うちで》の小槌《こづち》など、おめでたいパーツをつけて人々に授ける係という、えべっさんの中枢《ちゆうすう》を担《にな》ってきた。パーツの量は、納める「お初穂料」に比例するのであり、したがっておばちゃんたちは、パーツを増やすよう、参拝者におすすめする。

しかし相手は大阪の商売人、一筋縄《ひとすじなわ》でいくはずもない。まずは御神酒で参拝者を酔わせ(もちろんおばちゃんも酔っぱらっている)、おもしろトークの応酬《おうしゅう》があって、最後は四コママンガのオチのように「お初穂料」が決まるというあんばい。「福笹授与係」とお客さんが協力してコントをやるというのが、えびすまつり最大の魅力である。……と、ここまでは、私がKさんから直接聞いた話だ。

ところが最近は、参拝者の質がぐっとおとなしくなってしまったと彼女らは嘆《なげ》いている。以前は男たちを引き連れて、お初穂料七万円を納めて大きな熊手を授かっていく姐《ねえ》さんや、パーツのたくさんついた吉兆《きっちょう》(縁起物。宝物がぶらさがった笹)を何本も授かっていく建設業の方々がいたのに、不景気のご時世、そういう豪傑たちがめっきり減ってしまったというのだ。夜ふけに、お客様をひきつれてやってくる水商売の人たちも、軒《のき》並み減った。

それにしたがい、彼らとタイマンはれる腕を持ったおばちゃんたちも、その手腕を発揮《はっき》する場を失ってしまった。現在、福笹の授与は若い巫女《みこ》さん（女子大生のアルバイト）がやっていて、授与の際には、参拝客の頭の上でかわいく鈴を鳴らす。これはお祓《はら》いの一種である。初穂料の設定も、「明朗会計《めいろう》」になった。若い世代にはこっちのほうが受けがいいのだろうが、なんだかさびしい話ではないの。

　では、おばちゃん部隊はどうなったかというと、「御神酒飲ませ係」に移行している。現在は、ひたすら御神酒をすすめるという役割に甘んじているわけだ。だから、新入りの私は、おばちゃんの福笹授与の様子を見ることができなかった。おばちゃんは、まだまだ、ありあまるエナジーをもてあましているように見えた。本当に、おばちゃんの黄金時代は終わってしまったのだろうか。

　いや、そんなことはない。年に一度おばちゃんたちに会うためにやってくる常連さんは、まだまだ多く、おそらく参拝客の半分以上を占めているのではないだろうか。彼らはおたがいに、「おおっ、まだ生きとったか。がははは！」と笑い合い、酒を酌《く》み交わす。

ああ、すばらしきかな人生！

私はおばちゃんたちのいる「御神酒テント」に一番近い場所で、一日中お守りや絵馬を授けていた（しつこいようだが神社では、「売る」とはいわない）ので、彼女らの様子を眺めていたが、おもしろすぎてちっとも飽《あ》きなかった。彼女らは声が大きいので、会話も全部つつぬけだ。

「毎年、おっきい熊手持って帰ってたチンピラの子おったやろ。あの子こないだ、死んだらしいわ。鉄砲で撃《う》たれて」

「あーそうそう、こないだ友達死んだんよ、フロ場で」

おばちゃんたちにとっては、「食」や「遊」の話題と並列で「病」や「死」の話題がある。「死」の話題から突然「遊」の話題に戻ったりするところもすごい。

どうやら巫女さんアルバイトのNちゃんも同様のことを感じていたらしく、休憩時間に、「ねえさん、正月よりえびすさんのほうが、客層おもしろいっすね」と私にささやいた。

おばちゃんが皆に湯水のごとく飲ませている御神酒は、二斗樽《にとだる》に入っている清酒だ。一日目の朝、酒蔵から二つの樽が持ちこまれる。木槌《きづち》またはトンカチで蓋《ふた》を割り、おばちゃんがそれを柄杓《ひしゃく》で桝《ます》につぎ、参拝者がいただく。ふるまい酒ゆえ、何杯でもおかわり可。桝《ます》の縁に少々塩をつけて飲むと、おいしいし、「酒と塩」という神様お供え二点セットをいただくことで厄除《やくよけ》にもなる。樽酒が妙にうまいのは、樽に使われている吉野杉の揮発性《きはっせい》香油《こうゆ》成分がしみ出て、日本酒の味と香りにうまく溶けこんでいるからだ。

あっという間に樽のなかの酒は底をつく。奉納された日本酒の瓶《びん》を一〇本ほど開け、次々に樽にそそぐ。樽のなかでは、複数の銘柄の日本酒がブレンドされ、木の香もつき、神社オリジナルの味になる。

寒空の下、この味を楽しみ、能舞台の上で眠りこけ、石のように動かなくなったので仕方なくおまわりさんに連れて行かれたおじいさんがいた。ひとりぼっちで、おつまみなしで五時間ねばり、あげくの果てに酔っぱらいのおっちゃんにからまれたまま帰れなくなっている学生もいた。自家製のたくわんをタッパーにつめて持参し、それと夜店のたこやきをおかずに、樽酒を何杯もやっているおばちゃんもいた。この三日間の境内は、ほとんど無法地帯だった。

さて、一人でお守り所にいる私に、御神酒テントのおばちゃんは何度もお酒を運んできてくれた。「もういいです」と断わっても、「おばちゃんの前で遠慮したーあかん」と言うのだから仕方ない。

おばちゃんは、

「ほんまにもー、こんな忙しいところに嫁に来るなんて、あんたも物好きやで。夫婦げんかのヒマもないやろ。でもまぁ、子づくりする時間ぐらいはあるから安心せい！　ゲシゲシゲシ！（笑い声）」

と、言いながら去って行く。

おばちゃんにかぎらず、新入りをかまう、というのは大阪の人にとって一種の礼儀であるかのようだ。たとえ相手が全然知らない人であっても、売り子と客の関係であっても、大阪人には垣根がない。だから、ひとりぼっちで接客していても、退屈しない。

「あんたはヘビ年か？」

「ボランティアか？」

「ここのバイト、安いねやろ？」

「あんた時給いくら？」

「その扇風機みたいなカタチの暖房、通販で売ってるやつやろ？」

「独身か？」

「子供はまだか？」

「つくり方知ってるか？」

「おっちゃんが教えてやろうか」

……などなど。


夕方、ヤンキー風の二人組がやってきた。

「これいくら？」

「一〇〇円です」

「この、キティちゃんお守りは？」

「五〇〇円です」

「じゃあ、あんたは？」

私は「ボケねば」と思ったが、酔いのため頭がまわらず、なぜだか、

「八千円」

と答えてしまった。

すると、その兄ちゃんは、
「えらいリアルな値段やないけぇ（爆笑）」
と、大きすぎるほどのリアクションで返してくれた。大阪人の優しさを感じるのはこういうときだ。

ああ、見上げると空は夕焼け。気がつけば能舞台の上は奉納カラオケ大会。サングラスをかけた若者がT－BOLANを熱唱。今なぜ、この曲なのか。次は、リュックを背負った若者がドリフの「いい湯だな」を楽しげに歌う。なんだか、空気がゆるい。今日ばかりは巫女さんとのデュエットも許される無礼講《ぶれいこう》だ。しかしピチピチ女子大生の彼女らが、緋《ひ》袴《ばかま》をはいてマイクを握る姿は、ちょっぴりイメクラ、いや「まんだらけ」のショーのようでもあり……。ま、えびす様はおじさんだから、喜んでくださるでしょう。

さて、お正月の三が日からずっとお世話になってきた露天商のみなさんも、えべっさんの期間が終わると撤収《てっしゅう》である。頭領《とうりょう》の愛ある怒号が鳴り響くなか、あれよあれよと出店がたたまれ、すべてが車に積みこまれる。そして撤収作業が終わる午前一時ごろ、全員が境内の中央に集まって大きな輪をつくり、「大阪締《じ》め」をする。大阪締めというのは、東京の一本締め同様「手締め」の型のひとつで、すべての行事が無事終了したことの締めくくりとして行なわれるもの。大阪締めは、一本締めよりリズムがやや複雑。

音頭を取るのはおとうさん。最初に、大阪締めを知らない若い人たちにもやり方を教える。

「打～ちまひょ（パンパン）もひとつせ（パンパン）祝うて三度（パパン　パ）おめでとうございます～（パチパチパチパチ）……やからな」

と自分で説明するにもかかわらず、本番で間違えるのはおとうさん。そして笑いが起きるというのが毎年の恒例になっている。おとうさんは天然でこれをやっているのだから、やっぱり笑いも才能だなあと思う。露天商のおばちゃんは私に「あんたんとこのお義父《とう》さん、ほんまにチャーミングやなあ」と言い残し、帰っていった。

サギチョウ

一月十五日は、「左義長《さぎちょう》」といって、お正月の松飾りや、去年の御守《おまもり》、御札《おふだ》を、神社の境内で燃やす日だ。こちらでは別名「とんど焼き」、全国的にはどんどん焼き、さいとう焼き、ぼっけんぎょう、三九郎焼きなどいろいろに呼ばれている。この日は女正月とも言って、お正月に立ち働いた女性たちがやっと骨を休められる日でもある。

十五日に燃やす物を持って来られない人のために、当神社では年末から納札所《のうさつしょ》という場所を拡大して、そこに納めてもらうことにしている。ところがこの「納札所」に、奇《き》っ怪《かい》なブツを置いていく人たちがいるのだ。燃えない人形やぬいぐるみ、血のついた物体、カビの生えた餅の下には、紙袋に入ったキジのはくせい（丸々と太っている）……。「自分で捨てるのはちょっと恐い（仕返しとか、祟《たた》りがありそう）」というものを、夜中にこっそり、神社に置き去りにしていく。ふつう、人形や、もらった壺《つぼ》など、ワケアリなものが持ちこまれた場合、神社では「塩で清めたのちに、ご自分で処分してください」とお願いしている。しかし、納札所に置き去りにされた場合は、持ち主も分からないし、左義長で燃やすわけにもいかないので、お祓《はら》いしたのち、処理業者に持っていってもらうことになる。能面、割れた茶碗、プラスチックの鏡餅、ＣＤデッキ、「絶対に開けない」と書かれガムテープでぐるぐるまきになっている重いダンボール、校長先生の言葉が書かれた色紙、首なし雛《ひな》人形、首だけ雛人形。左義長と関係ないブツは、深夜のうちにより分ける。この作業がお正月で一番嫌いだ。このときばかりは、ゴミ問題を真剣に考える。

そうこうしているうちに十五日の朝がきて、宮司《ぐうじ》が忌《い》み火《び》を起こし、左義長が始まると、近所からたくさんの人たちが松飾りを燃やしに来る。

一歳児ぐらいの大きさがある、リアルな人形（寝かせると目がとじる、固いやつ）を三体も、燃やそうとしている女性がいた。火の番をしていた私と目が合うと、その女性は、

「人形もいいって言わはったからっ」

と早口で言って、その場へ人形を置いたまま、スタスタスタスタっと走り去った。それがものすごい速さだったので、反射的に追いかけていって、

「ダイオキスィンが出るじゃんかよぉー！」

と言いながら土塀《どべい》に追いつめたい衝動に駆《か》られたが、そこまでするほどではないのでやめた。彼女の気持ちになってみれば、やはり人形をゴミとして捨てるのがしのびないのだろう。それにちょっと前までは、なんでも焚《た》き火でガンガン燃やしていたのに、近頃この地域では、焚き火が禁止されている。神社の左義長だけは、神事ゆえに特別あつかいなのだ。この機会に、燃やしたいものを燃やしてしまえ、と思うのかもしれない。

そこへ、大量の請求書類を燃やすおじさんが現われた。おじさんは、一時間近く火のそばにいて、請求書が完全に燃えるのを一枚一枚、執拗《しつよう》に確認している。どうやら、破棄したいが見られると困る書類たちを左義長で燃やしているようである。もしくは、何かしらのごりやくを期待しているのか。けれど、「もう請求書来ませんように」というお願いだったら、それはいくら神様にお願いしてもムリだと思う。

年賀状を燃やす人、それから、おもちを銀紙にくるんで、焼き芋の要領で焼きもちにする人もいた。

こんどは小学生がお母さんと一緒に書き初《ぞ》めを燃やしはじめた。燃えかすがふわーっと空に舞い上がると、習字が上達するのだそうだ。こちらは古くからのいいつたえ。この日は風が強かったので、燃えかすはいきおいよく空に上がった。よかった、よかった。
　こうして一日のあいだに、いろんな人が、いろんなものを燃やし、わけありなものも、そうでないものもすべて、灰になってしまった。

　夜になり、すべて燃やし終えると、体ぜんたいが、ハムのにおいになっていた。ジャージも、帽子も、パンツも、その日に履《は》いていたナイキの運動靴もすべて美味しそうなハムのにおいがする。どうやら一日じゅう焚き火をしていたので、薫製《くんせい》になったらしい。食べられそうなほど、ハムのにおいと同じだ。「ああ、ハムのにおいは、肉のにおいなんじゃなくて、煙のにおいだったのだ！」と納得したところで左義長は終わった。

厄年《やくどし》と厄除《やくよけ》

私の知り合いに、もうすぐ本厄《ほんやく》をむかえる人（京都人）がいるが、

「オレは、神だのみはしない」

と、断固として厄除《やくよけ》を拒否している。「せっかくだから厄除に来たら?」とお誘いしても、「オレは、自分の責任は自分でとる」と言って譲らない。しまいには部下の前で「神様よりオレのほうがいいことを言うんだから、オレの話を聞け」とまで豪語した。今まで京都の男性は信心深いと思っていたが、彼はそのイメージを見事に打ち砕《くだ》いてくれたのだった。一般に血気盛んな人ほど「このオレ(アタイ)が、厄祓《ばら》いなんかできるか!」と思うようだ。

そもそも、厄年《やくどし》だからといって、同じ年の人全員に災難がふりかかるのか。というと、そうでもないし、厄除祈願したら、災難にあわずに済むという保証もない。

厄年の由来だって、「中国から伝わった」とか「災難や障《さわ》りが降りかかりやすい年」などと、あいまいなこととしかいわれていないし、土地によって厄年の年齢も違ったりする。ようするに厄年は気持ちの問題で、なにか災難がふりかかってきたら、そのときはそのときだ。つまり、かつての私も本音では厄年懐疑派なのであった。

しかし、夫いわく、

「厄年ってのは、今までよく生きられたな、というお祝いだ」

驚いた私は、すぐさま神社本庁《じんじゃほんちょう》が発行している「氏子《うじこ》のしおり」を取りだし、『厄年』のページを開いた（夫を信用していないのではなく、あくまで本庁のオフィシャルな見解を知るためである）。

「古くから四十二歳、六十一歳という年齢は、社会における重要な年回りとされ、神事においても重要な立場にあたりました。その為、厄年の『厄』は神まつりを行なう神役《かみやく》の『役』のことでもあるとも言われます。その役を行なうにあたって神様に失礼のないように、飲食や行為を慎み心身を清浄にするためにご祈禱《きとう》を受けたのがはじまりであるとも考えられています」

とあった。重要な役回りの年を迎え、神の前で改まって身を清めるという行為が「厄除」のはじまりだったという説。お相撲《すもう》さんでいえば、横綱になると、その私生活や言動にいたるまで「横綱らしさ」が求められる。それと同じように、神役の者は神役としての「潔《いさぎよ》さ」「清浄な心とからだ」が要求される。すなわちその一年間は、自らの行動を厳しく律しなくてはならないのだ。この禁忌《きんき》の部分だけがクローズアップされて、だんだん、

「厄年＝行動を慎むべき年－何かある年－やばい年」というイメージが定着してしまったのかもしれない。

ようするに、厄年の「おめでたさ」と「やばさ」はコインの表と裏のようなものだ。

厄除のご祈禱は、その年の節分まで（旧暦の正月）にするのが一般的だが、最近は誕生日の近くにする人も多い。ご祈禱にかかる時間は二、三〇分。神前《しんぜん》でお祓いを受け、厄除の祝詞《のりと》があげられる。このさい、自分の住所と名前、年齢がよみ込まれる。それが終わると、玉串《たまぐし》を捧《ささ》げ、御神酒《おみき》をいただいて、おさがりをもらって帰る。おさがりは神社によって違うけれど、基本的には厄除の御札《おふだ》や御守《おまもり》。うちではこれに、清めの砂、福盛《ふくもり》しゃもじ、祈禱木（いわゆる護摩木《ごまぎ》）、絵馬、黄金飴などをつけてお渡ししている。お正月の初詣のさいには、家内安全のご祈禱と一緒に行なうこともできる。

男性の厄年は二十五、四十二、六十一歳で、女性の厄年は十九、三十三、三十七歳だが、最初の厄年は「知らぬ間に過ぎていた」というパターンが多いようである。

ところが、女性の大厄《たいやく》三十三歳、男性の大厄四十二歳となると、厄除に訪れる人がグンと増える。厄年は数えの年齢なので、実年齢では女性が三十一か三十二、男性が四十か四十一。

女性の数え三十三歳といえば、第二の思春期。結婚、出産、仕事など将来についての悩みと、女として枯れていく恐怖とがないまぜになった「さんざん」な年代。「和」の世界にぐっと惹《ひ》かれるのもこのころで、神社に参って神前で心を静め、決意を新たにするという行為は、本当の「大人の女」への通過儀礼のような気がする。

そして男性の数え四十二歳は、文字通り「しに」の恐怖である。女房がおり、子供たちも二、三人いて、家のローンもあるとなると、今死んだら困るのだ。嫁はんからは「あんた、厄年のお祓いしといてよ。今倒れられたら、困るんやから」と釘をさされる。家族揃《そろ》って「おとうさんの厄除」にくる人が多いのは、彼がもはや、自分ひとりの体ではないからだ。がんばれ、おとうちゃん！

厄除のルーツが、神役をつかさどるための禁忌だとしても、現代の厄除事情は、おおむねこのようなものと思われる。

そういうわけで、厄除祈願にみえる三十三歳の女性には、戦友を戦場へ送りだす気持ちで、また、男性四十二歳には、尊敬と応援の気持ちをもって、受付をしている私です。

さて、男性最後の厄年、数え六十一歳ですが……こちらは立派な還暦《かんれき》。十干と十二支の組み合わせは六〇通りあるので、自分の生まれた年と同じ干支がまわってくるのはちょうど六一年後。生まれ直す、という意味の「還暦」ですから、厄年と合わせ、ご家族みんなでお祝いしてあげてください。

節分

二月三日、おかあさんが巻き寿司を買ってきて、丸ごと一本ずつ皿に載《の》せ、各自に配って「食べや」と言う。巫女《みこ》さん、神主さん、おとうさん、お姉さん、夫も皆、一本の巻き寿司を握り、ある一定の方向を向き、丸かじりしている。むむ？　これは何の儀式だ？

実は関西ではこれを「幸運丸かぶり寿司」と言い、一般家庭で行なうごく当たり前の行事であるとのこと。今年の恵方《えほう》（縁起がよい方角）に向かって、無言で願いごとを込めてのり巻きを丸かぶりすると、必ずその年に願いが叶《かな》うのだという。

私と同い年の巫女さんも、南南東の柱に向かって巻き寿司をバナナのようにかじり良縁を祈願。少々マニアックな絵だ。

私には、なんたる奇行か、と思われたこの行事も、西日本では広範囲に見られる、ごく当たり前の光景だという。京都や四国に住んでいる友達も「全国的な習慣だと思った」と言っていた。そのうち関東以北にも進出していくだろう（注：その後、実際に関東以北にも進出した）。

寿司店の説明によると「丸かぶり寿司」は、江戸時代末期もしくは明治の初めごろに大阪の中心地、船場《せんば》で発祥したとのこと。昔から長い物は縁起がよいとされており、年越しそば同様、巻き寿司も長いまま食べる習慣が生まれた。というのが丸かぶり寿司誕生のいきさつだそうだが、んー、やはり商売のにおいがする。

おとうさんや他の神主さんたちは、口々に、

「すし屋の陰謀やな」

「ちゃうやん、のり業者やろ」

などと言いながら、うれしそうにのり巻きをほおばっている。

この様子を生粋《きっすい》の江戸っ子である実家の父や、谷中《やなか》の叔父に教えてあげたら何と言うだろう?

「ちゃんちゃらおかしいや、すっとこどっこいめ!」

と言いそうだなァ。

節分という、国民的な行事にすら、地方ごとにまったく知らない習慣が存在するのだから、日本の伝統行事を話題にするのは難しい。


さて神社では、節分の日に、れっきとした「節分祭」という祭祀《さいし》が執《と》り行なわれる。

太陽暦では、春夏秋冬四つの季節の中に、六つの小さな季節があり、約一五日おきに変化していく。春であれば立春《りっしゅん》、雨水《うすい》、啓蟄《けいちつ》、春分《しゅんぶん》、清明《せいめい》、穀雨《こくう》という六つの季節が順番に訪れ、夏、秋、冬にも同様に、名前のついた六つの季節がある。いずれもトップバッターは立春、立夏《りっか》、立秋《りっしゅう》、立冬《りっとう》という「立」がつく季節。そして、その前日を「節分」、季節の分かれ目といった。今では、立春の前日の二月三日だけを「節分」と呼ぶ。たくさんある「節分」のなかで、春の節分が代表になったのは、それだけ冬のあとにくる春が嬉しかったから、だと思う。

節分の行事には「ついな」がある。「ついな」は、鬼にふんした人を桃の弓や矢、棒で追いはらうもので、唐から伝わった行事。豆まきは、炒《い》った大豆を投げつけて鬼をはらうもので、室町時代に始まったのではないかといわれている。

お供《そな》えものは鰯《いわし》と柊《ひいらぎ》。大好物の鰯で鬼をさそっておいて、柊のとがった葉で鬼の目を突くという攻撃である。誘惑して攻撃という、日本人にしては珍しく積極的な作戦だが、鬼の好物が鯛《たい》でなく鰯というところが庶民的でいい感じだ。民家では柊の枝に鰯の頭をさして戸口にはさむ。さすがにこれはご近所でもなかなか見かけなかったが、その日のスーパーマーケットの魚売場には鰯がたくさん売られていたところを見ると、まだ習慣は残っているようである。

以前、実家の母は目を輝かせて「神社には有名人が来て豆をまくのでしょう？」と言っていたが、それは大きな神社の話で、ここではいつものように祭典をした後に、神主が豆をまく。

ふつう、神社には鬼は来ないので「福は内」としか言わないが、当社では「福は内 鬼も内」という。なぜかというと、鬼門除《きもんよけ》の神社なので、よそからやってくる鬼を征《せい》するための、よい鬼が当社にはいるからである。

豆まきのあとには、一年分の祈禱木を、境内で焚《た》きあげる。祈禱木は、小さな木板に自分の願いを書いて納めるもの。もとは仏教から来た護摩木である。年に一度、節分の日にいっせいに燃やすのだが、それを楽しみにして来られる年輩の方が多い。節分の祭典は夜七時からなので、祈禱木が燃やされるころにはすでに暗くなり、炎はバチバチという音をたてて幻想的に燃え上がる。すべてが燃え尽きるまで、宮司の大祓《おおはらえ》は続く。そうして、願い事は天まで昇り、神様のもとへと届けられる。

今日から春がはじまり、一年がはじまる。また同じまつりが、同じ日に行なわれる。私という個人が泣いても笑っても、夫とケンカしても、そしていつか死んでも、まつりは淡々と続いていく。地球がひっくり返ったりしないかぎり、永遠に繰り返されるのだ。

特別付録

おもしろ？　なるほど！

神社用語小辞典

※筆者（ももこ）と二人の巫女《みこ》さんがかけあいます

「あ」

あさぐつ　浅沓

神主が、祭祀《さいし》や儀式のときに履《は》く、黒い木靴。中は白絹。

ちなみに、祭祀のとき以外は草履《ぞうり》（鼻緒は白）を履いている。

あらみたま　荒魂

「みたま（霊魂）」の荒々しいはたらき。おだやかなはたらきの「にぎみたま（和魂）」と対である。

ももこ「私の友人のおかめちゃんは、出産のときに『レモンを握ると、よい』と家族に言われて持たされていたけれど、実際には痛すぎてレモンを医者に投げつけたらしい」

巫女Ａ「何かが生まれるとき、生み出すときには、荒々しいはたらきが必要なのですね」

ももこ「本社のご祭神の荒御魂が、境内に摂社《せつしや》という別の小さなお社にまつられている神社もあります」

巫女Ｂ「思春期の息子が、庭に小屋立てて住んでいるみたいですね」

あん　案

祭祀《さいし》に用いる机。幣帛《へいはく》、神饌《しんせん》、玉串《たまぐし》などを載《の》せるための台。

いかん　衣冠

神社において、大祭《たいさい》で着用する装束《しょうぞく》。皆具《かいぐ》（装束の構成用具）は、冠《かんむり》、袍《ほう》、単《ひとえ》、奴袴《さしぬき》、笏《しゃく》、檜扇《ひおうぎ》、帖紙《たとうがみ》、浅沓《あさぐつ》。

「大祭」とは、例祭《れいさい》、祈念祭《きねんさい》、新嘗祭《にいなめさい》、式年祭《しきねんさい》、鎮座祭《ちんざさい》、遷座祭《せんざさい》、合祀祭《ごうしさい》、分祠祭《ぶんしさい》、および神社に特別の由緒ある祭祀《さいし》。

いちのみや　一宮

一宮の定義には諸説あるが、平安時代後期から中世にかけて、その国に赴任《ふにん》した役人（＝国司《こくし》）が、まず一番に奉幣《ほうへい》した神社をいうことが多い。

巫女Ｂ「なんだ、平安時代の話ですか」

ももこ「あのころは神社の管理も国のお役人の仕事だったからね。政治の〝政〟もマツリだし」

巫女Ａ「あのころは。でも今は……」

ももこ「私用で来ても、仕事では来ない」
巫女Ｂ「なぜなら」
巫女Ａ「政・教・分・離」
ももこ「今となっては、一宮に政治的な意味はない。一般人が『全国一宮めぐり』をして楽しむくらい」
巫女Ａ「あ、あの巨大なご朱印《しゆいん》帳持ってくる人たち！」
ももこ「一宮めぐり専用の」
ももこ「ご朱印押しても、かなりのスペースあまるやつ」
巫女Ｂ「イラスト描こうと思っちゃう」
巫女Ａ「あらかじめ神社名が各ページに印刷してあるし」
ももこ「でも、うちはそれに入ってない」
巫女Ｂ「断わるわけにもいかないから、最後のほうのフリースペースに書く」
巫女Ａ「でも、うちも一宮ですよね？」
巫女Ｂ「なぜ印刷されない？」
ももこ「ややこしいけど、平安時代の終わりごろから明治になるまで、なんと、神社の名前が『一宮』だった……」
巫女Ａ「社名が？」
ももこ「だから、苗字《みょうじ》が〝社長〟っていう人のような。いや、実際に社長だったから社長って呼ばれていて定着したのだけど、そのあとにファウンダーや相談役になったとか、そういう感じだと思うわけで」
巫女Ｂ「ややこしい！」
ももこ「いらぬツッコミ、問答無用！」
巫女Ａ「というわけですね」

いみ　忌

凶事《まがごと》、罪、穢《けが》れに触れないように慎《つつし》むこと。また、外出を避けて時間をおくことでそれらを心身から抜くこと。

後者の場合、穢れの代表的なものに、（主に身内の）死による「死穢《しえ》」と、出産による「産褥《さんじょく》」がある。

巫女Ａ「氏子《うじこ》さんから電話で『親族が今年に亡くなったけれども、初詣に行ってもいいか』というご質問がありますよね。あれも、忌にまつわる質問ですよね？」
ももこ「『父母、配偶者、子供なら忌は五〇日。これを過ぎたら、通常どおりおまいりしていただけます。忌の期間中は、家の神棚も扉を閉めて、白い紙をはって、お供《そな》えも、お参りもひかえ、故人のおとむらいに専念します。もし忌中《きちゅう》にお正月になったら、初詣は忌明《いみあ》けまで待ち、忌明け後にお参りしてください』って、ちゃんと答えてる？」
巫女B「わたしは、K先輩にふっています」
巫女A「わたしも今、知りました。忌が五〇日というのは」
ももこ「地方にもよるけど」
巫女B「でも、忌のあいだ、神様ごとを休むといっても、神職《しんしょく》はそうもいかないですよね」
巫女A「たしかに。神様ごとが仕事なのだから、親が亡くなって五〇日も仕事を休めませんよね？」
ももこ「神職の忌の期間は、一般人より短いの。神社本庁《じんじゃほんちょう》の規程だと、父母が亡くなった場合、神職の忌は、一〇日。それでも、宮司ひとりしかいない、あるいは少人数で運営している神社にはむずかしい。とくに宮司の場合は、本庁に『除服出仕願《じょふくしゅっしねがい》』を出し、許可を受けて忌の期間を短縮してから、自祓《じばら》いして神事に奉仕します」
巫女B「宮司以外の禰宜《ねぎ》や権禰宜《ごんねぎ》は？」

ももこ「宮司の発令で除服出仕ができる。もちろんお祓いを受けてから」
巫女Ｂ「はたらくために上の許可がいるなんて……」

巫女Ａ「フッウは休むために上の許可取りますもんね」

ももこ「そこは厳密にしないといかん。神職が忌をないがしろにしたらいかん」

巫女Ａ「神道の〝らしさ〟がそこに出ていますね」

いわくら　磐座

神を招いて「まつり」をした岩。そのうちに、岩そのものがご神体《しんたい》としてまつられるようになったところもある。

うじがみ　氏神

土地を守っている神。もともとは氏族の血縁的な守護神《しゅごしん》のことだったが、時代がすすんで村全体の地縁的な土地神、鎮守《ちんじゅ》の神様と同じ意味になっていった。

うじこ　氏子

その神社を守り神としている土地の人たち、村の住民。

巫女Ａ「氏子区域って、小中学校の校区に似ていますね」

ももこ「そこまではっきりした住み分けはないけれど、だいたいは住所で氏神さんが決まるよね」

巫女Ａ「『氏神さんを調べて行ってみたけど、神主さんがいない』ということも、ありますね」

巫女Ｂ「ふだん、人がいない神社、けっこうありますもん」

ももこ「そういうところは、他の神社の宮司さんが兼務していて、祭祀《さいし》のときには出向しているんだよ」

巫女Ａ「ああ、それでお正月とか、うちの宮司さんは他の神社もまわって歳旦祭《さいたんさい》をしはるんですね」

ももこ「お正月だけでなく例祭《れいさい》も行くよ。何十社も兼務している宮司さんもいて、一日に何軒も神社をまわって、おまつりをしたり……」

巫女Ｂ「わぁー」

うぶすながみ　産土神

産まれた土地の守り神。鎮守神《ちんじゅのかみ》。

巫女Ａ「わたし、母の実家が和歌山で、そこで生まれて宮参りしました」
ももこ「じゃあ、その和歌山の地元の氏神さんが、産土神」
巫女Ｂ「産むに土と書いて、うぶすな？」
ももこ「むかしは、産屋《うぶや》の砂の上に、しゃがんで赤ちゃんを産んだらしいので」
巫女Ｂ「だんぜんきばりやすそうです」
ももこ「だよね。盛砂《もりすな》見ると、しゃがみたくなる。銀閣寺《ぎんかくじ》の砂山とか」
巫女Ａ「犬ですか。でもその衝動、古代の子産みの記憶かもしれない」
ももこ「白い盛砂に赤子を産み落とす」
巫女Ｂ「赤ちゃんという神が降臨！」
ももこ「だから産まれた土地のウブスナさんは、人生ずっと見守る係」
巫女Ａ「初宮詣《はつみやもうで》の御守《おまもり》は、一生持っててＯＫですね」
ももこ「あなたが都会で変わり果てても」
巫女Ａ「和歌山の御守は私をずっと見守っている」
ももこ「そういうことだ」
巫女Ｂ「でも、桃子さんはインド生まれですよね」

ももこ「大丈夫。神道もヒンズー教も多神教だから！」

えべっさん　恵比須さん（戎さん）
七福神の一神。鯛をかかえ、釣竿《つりざお》をもって異境、異国、海の向こうから現われる。漁村では豊漁をもたらす神、町では商業神、農村では豊作をもたらす神として幅広い人気。大阪では、一月十日の戎祭《えびすまつり》のことを「えべっさん」と親しみを込めて呼ぶ。

えほう　恵方
その年の干支《えと》によって決まる、縁起のいい方角。歳徳神《としとくじん》（恵方神）がいるとされる。

えぼし　烏帽子
厄除《やくよけ》や七五三まいりなど、ご祈禱《きとう》のときに神職《しんしょく》が被《かぶ》っている黒い帽子。和紙を重ねて、皺《しわ》をつけ、うるしで固めてある。
巫女Ａ「例祭《れいさい》のときは、烏帽子とは別の被り物をしていますよね？」
ももこ「ああ、あれは冠《かんむり》」

巫女B「びろんとした尻尾《しっぽ》みたいなものがついてますね」
ももこ「纓《えい》ね。びろんと垂れているのは垂纓《すいえい》。大祭《たいさい》形式のときに着る正服《せいふく》のときの被り物は、あのタイプです」
巫女B「あれって、ちょっとでも頭を動かすと、びろんびろんしてしまいそうですよね」
ももこ「それがね！　勅使《ちょくし》（天皇陛下の使い）を迎えておまつりをする勅祭《ちょくさい》を見に行って、勅使の人を後ろから観察していたんだけれど、微動だにしていなかったよ、勅使の纓が」
巫女B「さすがは陛下の使い」
ももこ「もうね、ハシビロコウぐらい動かない」
巫女A・巫女B「？」
ももこ「アフリカに住む、長時間動かないことで有名な鳥」

えま　絵馬

さまざまな絵柄のついた板。祈願を書き、境内に吊《つ》るして奉納する。

巫女A「絵馬といいますが、馬はまったく関係ないですよね」
ももこ「このあいだ、初期の絵馬といわれるものを見てきた」

巫女Ｂ「どこで？」
ももこ「北野天満宮《きたのてんまんぐう》（京都）の宝物殿」
巫女Ａ「で、どんなでした？」
ももこ「畳ぐらいある大きな木の板に、黒い馬の絵が描いてあった」
巫女Ａ「やっぱり馬か」
ももこ「解説のおじさんの話では、もっと前は、ほんものの生きた馬を奉納していたんだって。雨乞《あまご》いのときには、黒い馬。晴れを祈るときは、白い馬」
巫女Ｂ「なぜ馬なんでしょう？」
ももこ「馬は神様の乗り物だから」
巫女Ａ「でもさすがに毎回、生の馬はちょっと大変……」
ももこ「馬の奉納がムリなときは、馬の木彫りで代用して……」
巫女Ａ「形代《かたしろ》ですね」
ももこ「だんだん、立体作品もしんどくなって……」
巫女Ｂ「木の板に描いた馬になって……」
巫女Ａ「二次元のほうが、置き場所も確保しやすいし……」

ももこ「さらに大きさも、コンパクトになって……」
巫女Ｂ「『こんなに軽いのなら、奉納者自身がヒモで吊るしたらいいやん？』と、誰かが言いだして……」
巫女Ａ「『じゃあ、もっと、お願いごと書きたいな』ということになり……」
ももこ「そうして庶民のあいだに定着して、いまでは絵馬という言葉だけが残っている」
巫女Ａ「たとえサルの絵が描かれていても、絵馬というだけで、そこはかとなく漂う馬の存在感」
ももこ「言葉が消滅したら、馬を奉納していた歴史も忘れられてしまうから」
巫女Ａ「絵馬。祈願板ではなくて、絵馬」

えんぎしきじんみょうちょう　延喜式神名帳

平安時代の法典『延喜式』の中にある、当時の官社《かんしゃ》の一覧表。ここに載《の》っている神社は、「式内社《しきないしゃ》」と呼ばれる。「ここは式内社だから」＝「相当古いよ、由緒あるよ」ということ。

えんぎもの　縁起物

吉兆《きっちょう》。参拝者が縁起を祝うために受ける品。えべっさんや酉《とり》の市《いち》で頒布《はんぷ》される熊手《くまで》、お正月の神矢《しんや》、干支《えと》の置物など。家や会社、店などに飾れば、神のご加護で運が上がるとされる。

えんとう　塩湯

荒塩を水に溶かし浄火《じょうか》で沸《わ》かしたもの。水器《すいき》に入れ、榊《さかき》の小枝で灌《そそ》ぐ（ふりかける）ことにより、祭典にまつわるものを祓《はら》い清める。大麻《おおぬさ》での祓《はらえ》のあとに行なわれる。塩湯のある修祓《しゅばつ》は例祭《れいさい》などで見られる。

おいせさん　お伊勢さん

伊勢の「神宮《じんぐう》」の親しみを込めた言い方。

おいなりさん　お稲荷さん

「稲荷神社」「稲荷社」の親しみを込めた呼び方。穀物や食物の神々を主な祭神とする神社が多い。

ももこ「春に田んぼの神様が山から下りてくる。秋には田んぼの神様が山に帰っていく。そういう古くからの信仰が、日本にはあります」

巫女B「稲作中心ならではの信仰ですね」

ももこ「おいなりさん、と親しみを込めて呼ばれる稲荷神社が、全国津々浦々にあるのは、日本がお米の国だから」

巫女B「つまり稲作中心になってからですね」

巫女A「私の姉がつとめている会社にも、小さい神社があって、それがどうやら、おいなりさんらしいんですけど、稲作関係ない会社ですよ？」

ももこ「おいなりさんは、『田《た》の神《かみ》』信仰からはじまって、豊かになりたい、儲《もう》かりたい、お腹いっぱい食べたい、そういう個人的でストレートなお願いを受け入れてくれる身近な神様として、あらゆる業種の人たちに信仰が広まっていったんだよ。だから企業の邸内社《ていないしや》は、おいなりさんが多い」

巫女A「で、邸内社というのは、神社なのですか」

ももこ「どんなに小さくても、ひとつの神社だから、お姉さんの会社のなかの稲荷社も、毎年例祭《れいさい》をしているはずだよ。神職《しんしよく》を呼んで」

巫女Ａ「へぇー」
ももこ「で、おいなりさんによくお供《そな》えされる食べものが油揚《あぶらあ》げ」
巫女Ａ「キツネさんにあげるんですよね」
ももこ「キツネは稲荷神の眷属《けんぞく》、つまり神の使いとされているからね」
巫女Ｂ「あの〜、わたしフェレット飼っているんですけど」
ももこ「ああ、イタチね」
巫女Ｂ「まあイタチですけど」
ももこ「で？」
巫女Ａ「フェレットって肉食なんですよ。だからキツネも肉食なんじゃないかと。どうして油揚げなのか」
ももこ「もともとは、ネズミの油揚げだったらしいよ。キツネは、ネズミを捕って食うから。ちなみに、フェレットはイタチ科で肉食、キツネはイヌ科で雑食」
巫女Ｂ「ネズミ、揚げなくてもいいんじゃない？」
ももこ「揚げたほうが美味しいだろう」
巫女Ａ「いずれにせよ、ネズミだったら納得です」

巫女Ｂ「でも、ネズミから大豆の油揚げに移行したのはどうしてでしょうね」
ももこ「油揚げは肉がわりだと思う。たぶん関西発でしょう、関西の油揚げは関東にくらべて肉厚だから。油揚げを卵でとじて米にのっけた『きつね丼』というのが成立するくらいだから」
巫女Ｂ「油揚げは肉の代用という説にいちおう納得するとして。じゃあ、どうしてキツネが、田の神様の使いなのでしょうか」
ももこ「高床式住居《たかゆかしき》のころの米蔵《こめぐら》は、鼠《ねずみ》がえしがついている。あれはかなり、ネズミにやられているからこその知恵なわけでしょう」
巫女Ｂ「そうか。ネズミの天敵であるキツネを護衛役にしておけば、ネズミも米蔵を攻めにくい、という」
ももこ「じつは犬も、ネズミとりが上手なんだけどねぇ……。韓国の珍島犬《ちんどけん》なんかは、ネズミとりの名手といわれているのだけれども」
巫女Ａ「え？　ネズミとりといえば猫のイメージですよ」
巫女Ｂ「トムとジェリーね」
ももこ「どういうわけか猫は、神様関係にあまり登場しない」
巫女Ａ「猫と神様、それは私たちの今後の研究課題にしましょう！」

おおぬさ　大麻

榊《さかき》または常磐木《ときわぎ》の枝に、麻苧《あさお》や紙垂《しで》をつけたもの。これを「左、右、左」と振ることにより、祭典にまつわるすべてのもの、神籬《ひもろぎ》、幣帛《へいはく》、神饌《しんせん》、祭員《さいいん》、参列者、その他の不浄を祓《はら》い清める。

麻で穢《けが》れを祓い清めたのが起こりで、後世、木綿《ゆう》や紙で代用するようになった。

おおはらえ　大祓

祓《はらえ》の中でも特に厳重な行事で、六月と十二月に行なわれる。

清浄を尊び不浄を避ける文化を持つ日本では、いろいろな場面で祓をして身の穢《けが》れを取り去る風習があるが、それでも日々積《つ》もってゆく罪や穢《けが》れを、半年に一度、大祓で取りはらう。心身の健康を保つための、古代から続くセルフ・メンテナンス。

おかぐら　御神楽

神様のための芸能。音楽・歌・舞《まい》など。地域ごとに里神楽《さとかぐら》があり、神を斎場《さいじょう》に勧請《かんじょう》した際に奉納される。

おがむ　拝む

手を合わせ、頭を下げて、神にあいさつすること。神とつながるための所作《しょさ》。

ちなみに、神職《しんしょく》が行なう「拝《はい》」は、背筋をまっすぐ伸ばしたまま、体を折るように九十度曲げる所作。

巫女Ｂ「九十度って！　直角？」

ももこ「そう、直角。体の硬い人、オジサンデビューの人は大変。ただ訓練あるのみです」

おきよめ　お清め

日本では、神は清浄を好むとされており、神を呼びこみたい場所はまず清められる。周囲を掃《は》き清めてから、塩や酒を撒《ま》くなどする。「祓《はら》い清め」というように祓いとセットで行なわれることも多い。

ももこ「各家庭で行なわれる年末の大掃除が、じつは年神様《としがみさま》を迎えるためのお清めだ、ということは、神社に嫁に来てから知りました」

巫女Ｂ「うちも、真冬のむちゃくちゃ寒い日に、水で窓をふいたり、網戸を洗ったりさせられました」

巫女Ａ「お母さんに言われたことがあります。年神様は、お空の上から見ていて、きれいな部屋にだけお年玉を落としていくのだ、と。だからお部屋はいつも片付けてきれいにしていなさい、と」
ももこ「もし、私が神で、お空の上からお年玉を落とすなら、やっぱり広く開《あ》いているきれいなところを狙うね」
巫女Ａ「もし、私が年神様だとしても、やっぱり足の踏み場もない家には降臨《こうりん》しにくい」
ももこ「きれいなとこに降りちゃう、どうしても」
巫女Ｂ「すると、目印も重要ですね」
ももこ「重要！　門松《かどまつ》とか、注連縄《しめなわ》とかがあると、安心して降りられる」
巫女Ａ「いつのまにか、全員で神様目線ですね」

おそなえ　御供え

神に差しだす飲食や物品。

巫女Ａ「お供えなのか、ただの差し入れなのか、悩む物体が置いてあることって、ありますね」
ももこ「社務所の玄関先に出現した大根の束《たば》！」
巫女Ｂ「賽銭箱《さいせんばこ》の横に置かれたワンカップ大関《おおぜき》！」

巫女Ａ「いや、ワンカップはあきらかにお供えでしょう。お神酒《みき》ですよ」
ももこ「でしょうな」
巫女Ｂ「それより、飴ちゃんとか。差し入れっぽく置いてあったりしますよね、ときどき」
ももこ「飴ちゃんはどっちだろう？　大阪のおばちゃんは、いつも持ち歩いているからなぁ」
巫女Ａ「大阪の特殊神饌《とくしゅしんせん》か」

おたびしょ　御旅所

神が旅した際、臨時的にとどまる場所。「まつり」のとき、神霊《みたま》がいつものお社から神《み》輿《こし》に移され、氏子《うじこ》区域をめぐって御旅所に着くと、そこで祭祀《さいし》が行なわれる。「まつり」が終わると、また、もとのお社まで神輿で帰る。

おふだ　御札

神の力が記された護符《ごふ》。紙や木でできていて、神棚の中に納《おさ》めたり、門、戸口、柱、天井などに貼ったりする。

おぼん　お盆

先祖の霊が帰ってくる日。

巫女A「お盆（盂蘭盆《うらぼん》）の由来調べてきましたよ。その名も『盂蘭盆経』に、『お釈迦様の弟子のひとり、目連尊者《もくれんそんじゃ》が、餓鬼道《がきどう》に落ちた母をどうしたら救えるかお釈迦様に相談したところ、多くの人に施《ほどこ》しをすれば母は救われる、と教えられた。それで、夏の修行が終わった七月十五日に僧侶を招き、多くの食べ物をささげて供養《くよう》すると、母は極楽往生した』とある話から、旧暦七月十五日に先祖の霊をお迎えする行事になっていったようですね」

ももこ「もちろん、祖先を神として崇拝《すうはい》する神道にも、このような日はあったと思うよ。でも、仏教のこの物語の出来がよすぎたよね。かあちゃんのためならエンヤコラだもの。仏教伝来とともに、祖先の帰る日は、お盆ということになっていったんでしょうね」

巫女B「目連尊者のかあちゃんは、いったい何をやらかして餓鬼道に落ちたのでしょうね」

ももこ「知らないけど。息子というものは、とにかく〝かあちゃん命〟だから必死で助けようとするから」

巫女A「ももこさんにもそんな事がありましたね！」

巫女B「ああ、神社の土塀《どべい》に車を当ててしまったときですね」

巫女Ａ「ももこさんの運転する車がバックして、そのまま土塀の入り口部分にガコン、とぶつかって」
巫女Ｂ「土塀の土が、ぼろぼろ落ちてきた件」
ももこ「あのとき、そばにいた息子、当時五歳が、落ちた土を土塀に戻しながら、『ここはオレがやっておくから、かあちゃんは逃げて！』と叫んだという……あの息子の姿、忘れられない。この先、一生、悪いことはするまいと思った」
巫女Ｂ「まあ、物損《ぶつそん》だから、餓鬼道に落ちるほどのことじゃないですけどね。やっぱり目連尊者のかあちゃんが何をしでかしたのか、気になる」
ももこ「目連尊者のかあちゃんはどういう気持ちだったろう……。究極すぎて分からないけど、どうしても、〝かあちゃん目線〟になってしまうこのお話」
巫女Ｂ「その後また、餓鬼道に落ちていたりしてね」
ももこ「ともあれ、目連尊者が多くの人に、この場合は僧侶にだけど、施しをして功徳《くどく》を積んだという日が、『先祖にお供《そな》えをして感謝してお迎えする日』になったのは、やはり祖先の霊と一緒に過ごしたい、という日本の風土によるものだと思う」
巫女Ａ「どうやら、お盆行事が最初に行なわれたのは推古《すいこ》天皇の御代《みよ》らしいです」

巫女Ｂ「それが今でも、多くの人が休みをとって田舎に帰り、墓参りしたりするのだから、よほどマッチしたんでしょうね、この国に」
ももこ「じつは私も、昨年の夏に実家の父を亡くしました」
巫女Ａ「ご実家のお墓は、お寺にあるのですよね」
ももこ「うん、東京の台東区《たいとう》。で、その地域のお盆は、七月十五日前後なのよ。旧暦のお盆の月日が、そのまま新暦に残っている。で、父はちょうどその時期に亡くなったので、新盆と一周忌が一緒に来るんだよね……」
巫女Ｂ「その東京の一部以外は、八月二十日前後か、十五日前後ですよね」
巫女Ａ「旧暦の七月十五日を新暦に当てはめた日付近辺と、いわゆる『月遅れのお盆』ですね」
ももこ「もともと地域性の高い風習である上に、改暦《かいれき》という出来事が重なって、伝統行事の行なわれ方は本当に多様化している。けれど、先祖の霊を迎えて一緒に過ごすという基本はいつまでも変わっていないね」

おまもり　御守

神の力をしめす文字や記号が記された携帯用の護符《ごふ》。

おみき　御神酒

神に供《きょう》する酒。同時に神とともに人がいただく酒。

ももこ「去年、雅楽研修で相部屋《あいべや》になった鹿児島《かごしま》の女子神職《しんしょく》に聞いたけれど、あちらは献酒《けんしゅ》に焼酎《しょうちゅう》も使うそうです」
巫女Ａ「ほんまですか！」
ももこ「沖縄《おきなわ》は泡盛《あわもり》らしい」
巫女Ｂ「いいなー」
ももこ「日本の場合、酒がほどよく入った状態のほうが、神々と交流しやすくなると考えているフシがある。だから、お酒と神社は切っても切れないご縁」
巫女Ｂ「お清め、お清め、とか言いながら、ガンガン飲む人もいますものね」
ももこ「実際アルコールは消毒にもなるしね。嘘は言っていない」
巫女Ａ「ももこさんは、『お流れ頂戴《ちょうだい》します』、ってよく言いますよね」
ももこ「神様からの〝お流れ〟」
巫女Ｂ「あれっ。ひょっとして、すでに一杯ひっかけてますか」
ももこ「一献《いっこん》だけね♡」

おみくじ　御神籤

符号《ふごう》、番号、文字などを記した紙片、こより、木の棒などを、束《たば》にしたり筒に入れたりして、引き当てることにより吉凶や順番を占うもの。

おみくじには、いくつかの種類があって、吉や凶の配分も異なる。どれを選ぶかは各神社の自由裁量。ちなみに当社は、女子道社《じょしどうしゃ》（シェア七割）のおみくじを採用している。「こどもみくじ」は、神社庁《じんじゃちょう》のものを使っていて、こちらには凶が入っていない。

巫女A「みくじって、『神籤』って書くのですね。カミクジ」

巫女B「あらゆるクジの中でも、神レベルの物凄いクジ」

ももこ「というよりも、クジがいちばん平等でしょ。しかも、神の前では人は貴賤《きせん》なく平等。だから神の前で引いたクジは、ご神慮《しんりょ》としてありがたく受けとめる。そういうクジですよ」

おんみょうどう　陰陽道

古代中国発の陰陽五行説《いんようごぎょうせつ》を起源とし、六世紀に日本に伝来してから独自の展開をとげた。

陰陽師《おんみょうじ》は、技術として天文、暦数《れきすう》、風雲《かぜくも》の気色《けしき》を把握しておき、異変があれば呪術的な祭法によってそれらを封《ふう》じる。

巫女A「もともとは奈良時代の律令制《りつりょうせい》で陰陽寮《おんようりょう》がつくられたのがはじまりですよね」

ももこ「平安時代になると、政争の勝者が、敗者の怨霊《おんりょう》をおそれるようになって、その怨霊鎮《しず》めに陰陽師が活躍したんだよね。見たわけじゃないけど」

巫女B「それ、神職《しんしょく》はできなかったのでしょうか」

ももこ「神職は神に奉仕する身ゆえに、いつも潔斎《けっさい》をして清浄であるべきで、怨霊には近づけなかったのでは？　神職は、今よりずいぶん活動範囲が限られていたらしいよ。見てきたわけじゃないけど」

巫女B「僧侶は？　ドラマなんかで、よく読経《どきょう》で怨霊を封《ふう》じていますよね」

ももこ「読経が効《き》かなければ、陰陽師呼んだりしていたんじゃない？　もしくは、僧侶と陰陽師のダブルで。見たわけじゃないけどね！」

巫女A「陰陽師は神職が近づいてはならない場所にでも出かけていって、呪術的な祭祀《さいし》を行なうことができた」

ももこ「だから、武家社会や民間にも広がっていった」

巫女A「もともと、占いや呪術的なものが大好きなのだと思いますよ、人間は」

巫女Ｂ「とくに社会不安があると、人びとは、こういう呪術的なものに助けをもとめますよね」

ももこ「当時の神職は、出張祭典《しゅっちょうさいてん》や個人祈禱《きとう》はしていなかったから、この分野でも陰陽師が活躍していたらしい」

巫女Ｂ「今は、地鎮祭《じちんさい》などの出張祭典も個人祈禱も、神職さんがしますね」

巫女Ａ「個人のお葬式まで、してはりますもんね」

ももこ「戦後、神社が国家の管轄《かんかつ》ではなくなり、氏神《うじがみ》さんと氏子《うじこ》さんとの仲をとりもつ役割が中心になっていったからだと思う」

巫女Ａ「平たくいうと、神職が公務員的でなくなったということですね」

ももこ「もともと、陰陽道の考え方は神道にマッチするところが多分にあって、神社にも大きな影響を与えてきた。神職も、うまくその技術を採《と》り入れて、今日のような仕事のスタイルになったんだろうね」

「か」

かいい　階位

神社本庁《じんじゃほんちょう》が定める神職《しんしょく》の資格。上から浄階《じょうかい》、明階《めいかい》、正階《せいかい》、権正階《ごんせいかい》、直階《ちょっかい》。大学のように、科目ごとに単位を取得し、試験を通って申請した者に授与される。

巫女Ａ「で、検定科目でいちばん好きだったのって、何ですか」

ももこ「やっぱり祝詞《のりと》作文かな～」

巫女Ａ「祝詞を作文、するのですか」

ももこ「うん。決められた文言を暗唱するのではなく、祝詞は神職が作ります」

巫女Ａ「でも、『かしこみかしこみももうす～』という部分は一緒ですよね」

ももこ「導入とエンディングは、だいたい決まっているし、よく使われる表現とかもあるよ。神様が聞いてくれそうな表現とか、これは素敵だ、と人間が思う表現とか。そういうのをじょうずに採《と》り入れながら、サンプリングして、ＤＪが音楽を組み立てるように祝詞を作成していく。自作自唱《じさくじしょう》」

巫女Ａ「では基本的に、参拝者はどんな御祈願をしてもいいのですね、祝詞は作ってくれるから」

ももこ「もちろん初宮詣《はつみやもうで》とか七五三とかだと、ひな形がある程度あって、それにアレンジを加えていくこともあるけれど」
巫女Ａ「どういう場合に、一から十まで、まるまる作文しますか」
ももこ「たとえば、八十代の女性のご祈願であったのは、『歯医者を何度も替《か》えたけれども、いい歯医者さんに当たらない。明日、新しい歯医者さんに行くのだけれど、今度こそはいい歯医者さんで、ちゃんと合う入れ歯が作れますように』というもの。そういうお願いには、具体的な日付も入れて、一から作ります」
巫女Ａ「そういうとき、単語は古典の言い方に極力変換するわけですね」
ももこ「そのための辞書もあるよ。古今東西、いい祝詞の例文集もあるし」
巫女Ａ「なんか面白そう！」
巫女Ｂ「他におもろい授業ありました？」
ももこ「祭式行事作法《さいしきぎょうじさほう》」
巫女Ａ「いわゆる、実技ですね、祭式の」
ももこ「オジサンたちが苦戦していたね。どっちの足から出ていいのか分からなくなって、固まるオジサン続出。白い皿に水をなみなみと張って、三方《さんぼう》の上に乗せ、目線より上にかかげた状態で膝進膝退《しっしんしったい》（ひざ歩きで前後に移動する）、という体育会系の訓練もあったよ」

巫女Ａ「ももこさんはそういうのが好きだから、すっかり影響を受けていましたよね。巫女たちにも、『オマエら、どっちの足から出てんだよぉ。こっちが下位の足だろうがよぉ。正中《せいちゅう》に入ったら、そっちじゃねえだろうが』などと、それはもう、きびしくなった」
ももこ「ちょっと待て。御神前《ごしんぜん》でそんな口ぎたなく罵《ののし》ってないから」
巫女Ａ「うまく鈴が振れないヤツは、ペットボトル一〇〇回振って出直して来い！」
ももこ「あ、二リットルのね」
巫女Ｂ「言ってるじゃないですか」
巫女Ａ「今年、それを本当にやってきた高校生の巫女がいましたね」
ももこ「いた。初日ものすごくヘタだったのに、急にうまくなっていて、『どうしたの？』って聞いたら『ペットボトル振ってきました！』って。かわいいの～」
巫女Ａ「こわっ！　ももこさん、そういうのに弱いですよね」
ももこ「うん。だから、できれば、祭式研修合宿とかして、鬼教官をやりたい。で、最終日に急にやさしくなって、それでみんなが感動して泣くという。そういうのがやりたいです！」
巫女Ａ「こっちは迷惑だなあ」

かぐら　神楽　（→おかぐら　御神楽）

かぐらでん　神楽殿
舞殿《まいどの》ともいう。神楽を奉納するための建物で、独立していることもあれば、拝殿《はいでん》を兼ねる場合もある。舞楽《ぶがく》の影響が強く正方形に近い壁のない高舞台《たかぶたい》や、能舞台の様式に近いものなどがある。

かしわで　拍手
神を拝むときにする手を叩《たた》く所作《しょさ》。
「はくしゅ」とも読み、同義。「二礼二拍手一礼」は「にれい　にはくしゅ　いちれい」と読む。
ももこ「じつは、手を柏《かしわ》の葉のようにして叩くから『かしわで』だと思っていた私です」
巫女Ａ「指と指を広げてパーにするってことですか」
ももこ「あ、違うか」
巫女Ａ「ちがいますよ」

ももこ「でしょうな」
巫女Ａ「祭式作法《さいしきさほう》の教科書によりますと、『両手を胸の高さに合はせ、右手を少しく引き、左右に開きて打ち合はす』が正しい拍手」
ももこ「では、なぜカシワデというの？」
巫女Ａ「平安時代は、ごちそうを置く葉っぱをすべて『カシハ』といったそうです。それで、そういう料理を作ることや、料理を作る人のことを『カシハデ』と呼んでいた。ごちそうやお酒をいただいて盛りあがってくると手を打って歓喜の情を示す礼儀があって、その拍手も『カシハデ』と呼ばれるようになっていったらしいです（資料棒読み）」
ももこ「ブラボォ、シェフ、ブラボォ〜　といって手を叩くような感じかしら？」
巫女Ａ「称賛と歓喜の情が高まって自然に出る行為ですね」
ももこ「発声以外に、自分の体だけでいい音を出そうとすると、やっぱり拍手になるものね。あっ、指笛もあるか。うちなんちゅが上手なやつ」
巫女Ａ「指笛は練習が必要ですよ。拍手なら赤ちゃんでもできます」
ももこ「でもさあー、その、赤ちゃんでもできることが、ご神前《しんぜん》でするとなると、むずかしくない？」

巫女Ｂ「ああ、二礼二拍手一礼の、わけわからん緊張感」
巫女Ａ「玉串拝礼《たまぐしはいれい》するとき、参拝者の方がかちんこちんになっているときが、ありますね」
ももこ「日本人は、数に意味を持たせるから」
巫女Ａ「『拍手を二回』などと指定されると、その回数にすごく意味がある気がしてしまうのですね」
巫女Ｂ「実際、二拍手の『二』の意味って、あるのですか」
ももこ「わからない」
巫女Ａ・Ｂ「えーっ‼」
ももこ「私のダンナ、つまり宮司《ぐうじ》に聞いたら、『二はたくさんを表わす』というのが模範解答らしい。ゼロは無し、一は有り、二はたくさん……」
巫女Ａ「ああ、それなら、ごちそうを前に、ぱちぱちするのと一緒ですね」
ももこ「神様への称賛はいくら拍手してもしきれないから、二で無限を表わすという」
巫女Ｂ「説得力ありますね」
巫女Ａ「それだと、二回目の拍手は、無限を含んでいるから、重要ですよね」
ももこ「そこなのよ」
巫女Ａ「一拍《いっぱく》めに会心の音がでると、二拍《にはく》めへの緊張感が高まりすぎて……」

ももこ「スキージャンプで一本目が大ジャンプだと、二本目で失速するような……」
巫女Ｂ「ですけど、ベテランは二本そろえてきますよね」
ももこ「しょっちゅうご祈禱《きとう》している神職は、そりゃ抜群の安定感ですよ。でも、たまにしかご祈禱しない私などは、二拍めの決定率がどうもね……」
巫女Ａ「体で覚えて、無心になれ」
巫女Ｂ「一日千回、練習ですよ。特訓合宿だ！」
ももこ「はい……」

かぞえどし　数え年

生まれた時点で一歳。その後、正月を迎えるごとに一歳、増える年齢。七五三、十三《じゅうさん》まいり、厄年などは、数え年で行なうのが通例である。

かたしろ　形代

人の身に代わるもの。木、草、紙などで人の形につくり、そこに穢《けが》れを移して祓《はら》い、川に流したり、炊《た》き上げたりする。人形《ひとがた》、雛形《ひながた》、撫物《なでもの》ともいう。

かみさま　神様

ももこ「本居宣長《もとおりのりなが》先生はこう仰《おつしや》ってます。『尋常ならず、すぐれたる徳のありて、可畏《かしこ》き物を迦微《かみ》とは云《いう》なり』」
巫女Ａ「普通でなく、ものすごくて、不思議なもの、それが神様」
ももこ「人間の考える善悪からも超越しているわけで……」
巫女Ａ「『雷、竜、樹霊《こだま》、狐なども、すぐれてあやしき物にて、可畏ければ神なり』と仰ってますね」
ももこ「あやしき、かしこき、そういうすべての現象。説明のつかないことがら。神にくらべたら、人なんてめちゃくちゃフツウだよ、全員。個性を伸ばすとか、多様性とか、そういうこと言っている時点でフツウ！」
巫女Ａ「煩悩《ぼんのう》を捨てたいとか言っている時点で、まだまだ自分に興味がある証拠」
巫女Ｂ「神様たちは、そんなこと、みじんも思っていないですよね」
ももこ「もっと自由だもの。天衣無縫《てんいむほう》。ただ、人間でも、ものごころのつく前の赤ちゃんだけは、神と呼んでもいい」
巫女Ａ「ああ、お宮参りにくる生後一カ月の赤ちゃん。あれはもう、神！」
ももこ「尊《とうと》い！　生命の息吹《いぶき》で、こっちまで生気《せいき》がよみがえる感じ……」

巫女Ｂ「話は変わりますが、神社の場合、『様』をつけて呼ぶのは神様だけですよね。人には、『様』ではなくて『殿』をつけますが、たとえば、どんなにりっぱな人に対しても、『殿』で通すのですか」

ももこ「そうそう。人はみな『殿』」

巫女Ｂ「でも、Ａさんという、あやしき巫女は、男子バイトに自分の名前を『様づけ』で呼ばせています」

ももこ「コラッ！」

かみだな　神棚

家の中の決まった場所に置かれた神をいわう棚のこと。神社の神符《しんぷ》（御札）を安置するための清浄な棚。あるいは、荒神《こうじん》さん・歳徳神《としとくじん》・えべっさん・大黒《だいこく》さんなど、家族の安全を守る神様をまつる棚。

かみよ　神代

天地開闢《てんちかいびゃく》から初代神武《じんむ》天皇までの、神話の世界。『古事記《こじき》』『日本書紀《にほんしょき》』『先代旧事本紀《せんだいくじほんぎ》』にくわしい。

かりぎぬ　狩衣

小祭《しょうさい》で着用する神職《しんしょく》の装束《しょうぞく》。

もともとは平安初期から朝廷で狩猟の服として採用されたために、この名がついている。それが、平安中期ごろから公家衆《くげしゅう》の日常服となり、その後用途が増して、鎌倉時代以後は公家・武士ともに一種の式服にまで発展した。狩衣の皆具《かいぐ》は、烏帽子《えぼし》・狩衣・単《ひとえ》・奴袴《さしぬき》、または差袴《さしこ》、笏《しゃく》、浅沓《あさぐつ》。

ちなみに「小祭」は、大祭《たいさい》・中祭《ちゅうさい》以外の「まつり」で、各種の個人祈禱《きとう》もこれにあたる。

かんじょう　勧請

神の分霊をほかの場所に遷《うつ》してまつること。

かんなび　神奈備

古代日本における、神をまつる場所、神が鎮《しず》まる土地。

かんなめさい　神嘗祭

その年に初めて収穫した稲穂（初穂《はつほ》）を、アマテラスオオミカミに捧《ささ》げる神宮《じんぐう》での「まつり」。十月十五日から十七日にかけて行なわれる。

かんぬし　神主

祭祀《さいし》奉仕者。神職《しんしょく》。宮司・禰《ね》宜《ぎ》・権禰宜《ごんねぎ》はここに含まれる。

きがん　祈願

神に乞《こ》い願うこと。

きっきょう　吉凶

「よごと（吉事）」と「まがごと（凶事）」。

「凶《まが》」は、まがっている状態をさしており、「絶対悪」ではない。

きとう　祈禱

神仏に対して、加護をもとめて行なう儀礼。もともとは、五穀豊穣《ごこくほうじょう》や、雨乞《あまご》い、村の安全など、おおやけのことを願うものだったが、平安時代中期から、陰陽師《おんみょうじ》が個人のために行なうようになった。現代では、神職《しんしょく》がおおやけの祈禱《きとう》も、個人のための祈禱も行なっている。

きねんさい　祈年祭

としごいの「まつり」。二月十七日に、国土の繁栄と豊穣《ほうじょう》を祈願する春の予祝《よしゅく》行事で、宮中《きゅうちゅう》をはじめ全国の神社で行なわれる。

きもん　鬼門

凶とされる方角。陰陽道《おんみょうどう》に由来する。北東（丑寅《うしとら》）の方角は「表鬼門《おもてきもん》」、その正反対の方角である南西（未申《ひつじさる》）は「裏鬼門《うらきもん》」として忌《い》み嫌われている。

巫女Ａ「鬼門の由来については、調べると諸説あります。中国の古い書物に、北東（丑寅）は鬼が出入りする、と書いてあったことが由来というのが、通説ですが……」

ももこ「友達の中国人は、鬼門をそんなに嫌がっていないよ」
巫女Ａ「あ、あの麻雀《まーじゃん》の捨て牌《はい》を並べないＹさんですね」
ももこ「放り投げるよね、牌を。あと、中国の麻雀にはドラもないって言っていたね。麻雀にもルール変更があるのだから、陰陽五行説《いんようごぎょうせつ》も、いろいろに変化したでしょう、日本の風土にあわせて……」
巫女Ｂ「陰陽道は、中国の方位の術が日本に伝わって、それと日本古来の考え方がまぜられて、十世紀くらいにできあがったといわれています。『鬼門』という名称自体は中国由来でも、鬼門をそこまで恐ろしい方角とし、対策を説いたのは日本の陰陽師《おんみょうじ》かもしれない」
巫女Ａ「そうですよ。鬼門、裏鬼門の両方に門戸や水まわりをつくることは避けるべきだし、鬼門の方角への家遷《やうつり》（転居）、転職、縁組などの際には、お祓《はら》いが必要ですよ。陰陽五行説では、東と南は『陽』、西と北は『陰』で、その境目《さかいめ》は気が乱れるから、とくに清浄を保ち、気をできるだけ落ち着かせなくてはなりません」
ももこ「さすが。Ａさんは『陰陽師』の漫画がきっかけでこの世界に入ってきたんだから、間違いない！」
巫女Ａ「鬼門は、中国の方術をそのまま採用したわけでなく、日本の風土や祭祀《さいし》をふまえてできあがった」

ももこ「悪い局面を打開する、ひとつのアプローチだよね」

ぎょうほう　行法

あらゆる宗教に「行《ぎょう》」と、そのやりかた（行法）が見られるが、神社における古来の「行」としては、潔斎《けっさい》、斎戒《さいかい》、物忌《ものいみ》など、神前《しんぜん》に出るにあたって、心身を清める、行ないをつつしむ、というのが主たるもの。

現在、神社神道の行法のひとつに「鎮魂行法《ちんこんぎょうほう》」というものがあり、「はらい」「みそぎ」「ふるたま」「おたけび」「おころび」「いぶき」などの「行」で構成されている。

ももこ「『おたけびセット』というのがあってね」
巫女Ａ「何ですか、それ？」
ももこ「ふんどしと鉢巻のセット。『行』をするとき用」
巫女Ａ「女もふんどしですか？」
ももこ「いや、女は禊着《みそぎぎ》といって、白い作務衣《さむえ》と短パンのようなもので。小川で『禊《みそぎ》』したときは、藻《も》みたいなのがくっついて、みどり色になったよ」
巫女Ｂ「河童《かっぱ》と間違われますね」

巫女Ａ「でも夏の京都だったのでしょ。むしろ水に入れて気持ちがいいでしょ」
ももこ「うん。すがすがしい。でも次の日、お腹をこわして病院送りになった年配の方もおられました。川のなかに正座して、大祓《おおはらえ》を三回暗誦《あんしょう》できるまで上がってこられないから、できない人はずっと水に入っていたので」
巫女Ｂ「でも、かたくなに『禊は冬のもんだ！』と仰《おっしゃ》る神職《しんしょく》さんもいて」
ももこ「『ふんどしが凍《こお》るくらいでないと意味がないんだ！』ってね。私の友達の神職（女性）も、『禊』が大好きで、伊勢神宮《いせじんぐう》の五十鈴川《いすずがわ》のほかにも、海、磐座《いわくら》、滝、いろんな場所で『禊』をしているよ」
巫女Ａ「何がいいのですか」
ももこ「自然との一体感。子供のころ、勝手に近所の小川とか水たまりに入ったときの感じ」
巫女Ｂ「それ、やったらアカンやつでしょう」
ももこ「本当は、大人だって入りたいよ、川とか池とか。でも、今それをしようと思ったら、アウトドアグッズを揃え、ライフジャケットを着用し、キャンプ場へ行かないといけない。『行』なら、みんなでふんどしになって、大声（おたけび）を出していいし、ハダカに近い恰好《かっこう》で川に入っていい。『行』って、逆に自由な行ないだよ、現代では」

巫女A「そういう考え方もあるんですね……」
ももこ「もちろん、道彦《みちひこ》（指導者）にしたがってやらないと、命の危険もあるよ。そこは、きっちり『行』としてやらないと」
巫女B「ももこさんは、行法、好きなのですか」
ももこ「嫌いじゃないけど……『禊』のあとによくやる『鎮魂《ちんこん》』という『行』の中の『ふるたま』というパートがね、すごく眠くて……。安座《あんざ》して、目をつぶって、腕をぐるぐるまわしながら、ひぃ、ふぅ、みぃ、よぅ……」
巫女A「やめてください。私まで眠くなりそうです」
ももこ「小学生のとき、プールのあとの授業でいねむりするときの、あの気持ちいい感じが襲ってくる」
巫女A「それに耐えると、何かよいことが？」
ももこ「それはまだ私にはわからない」
巫女B「そういえば、小学校のときの友達が、プールのあとの算数の時間に〝こびと〟を見たと言っていました」
巫女A「それ、どんな状況？」

巫女Ｂ「教室の机の上を、〝こびと〟が、たんたんたん、と走っていったらしいのです。だけどみんな眠っていたから、その子だけが見たんです」
ももこ「ちょっ、それって神秘体験でないの！」
巫女Ａ「体がいいぐあいに脱力して、頭だけ、妙に冴《さ》えていたとか」
ももこ「大人は、そういう状態をめざして、わざわざ『行』をするんじゃないの？」
巫女Ｂ「あー。寒い日のプールの水は冷たくて、まさに『行』ですもんね。気合いを入れないと、〝地獄のシャワー〟を越えられない」
ももこ「そうそう、〝地獄のシャワー〟のあとに、得体《えたい》の知れない薬液《やくえき》に腰までつかったね！」
巫女Ｂ「すみません、あれね、最近の小学校には、ないのです。逆に不衛生だという理由で廃止されています」
ももこ「えっ、そうなの……」

きりぬさ　切麻

麻《あさ》（現代では紙にて代用）を細かく切ったもの。これを撒《ま》くことにより、麻の霊徳でその空間を祓《はら》い清める。「自祓《じばら》い（自分で自分を祓う）」にも用いられる。

きんそくち　禁足地

立ち入りを禁じた神聖な区域。

ぐうじ　宮司

その神社の神職の長。祭祀《さいし》の長（斎主《さいしゅ》）と、運営の長（宗教法人の代表役員）を兼ねている。

巫女Ａ「祭祀の長と運営の長を兼ねるというのは、具体的にどういう感じですか」
ももこ「たとえば、その神社に千年以上続く祭祀のきまりとして、『宮司であってもご神体は見てはいけないとする』というのがあったとする……」
巫女Ａ「ご神体のある内陣には何人《なんぴと》たりとも入れない、というきまりがある場合ですね」
巫女Ｂ「お寺でいうと、絶対秘仏のような……」
ももこ「だけど、そういう場合でも、運営の長としては、火災や盗難に対応する責任者として、そのご神体の存在を確認しておかなくてはならないよね、目視《もくし》で……」
巫女Ａ「そうですね」
ももこ「それに、造営《ぞうえい》や修復で内陣《ないじん》に手を入れる場合、ご神体を見ざるを得ない状況になることもあるし……」
巫女Ｂ「あー」
ももこ「その場合には、運営の長としての宮司が、その目でご神体を確認する。でも、祭祀の長としての宮司は、ご神体は見ていない、とする」
巫女Ａ「自分の中に二つの面が必要ですね、聖と俗という……」

くまのもうで　熊野詣
紀伊《きい》半島の南にある本宮《ほんぐう》、新宮《しんぐう》、那智《なち》の熊野三山に詣《もう》でること。平安時代末期から鎌倉時代にかけて、伊勢《いせ》や高野《こうや》とならび、聖地として遠方から詣でることが流行した。現在でも、熊野詣は聖地巡礼の様相を呈している。

けっさい　潔斎
祭祀《さいし》の前に風呂などに入り、身を清めること。社務所にある風呂場は「潔斎所《けっさいじょ》」と呼ばれる。

ごうし　合祀
神が、他の神と一緒にまつられること。

ごさいじん　御祭神　（↓さいじん　祭神）

こじき　古事記
神代《かみよ》から推古《すいこ》天皇までの、天皇の系譜と昔からの伝承をまとめた書物。諸家《しょか》に伝わっていたものを、稗田阿礼《ひえだのあれ》が誦習《しょうしゅう》し、太安万侶《おおのやすまろ》が選んで編集し筆録《ひっろく》したとされる。
巫女Ａ「誦習！」
ももこ「ショウシュウ！　ショウシュウのチカラはショウシュウリキ！」
巫女Ｂ「……って、何ですかね」
ももこ「暗誦の『誦』に、習う」
巫女Ａ「覚えて、語《かた》り部《べ》のごとく語るということかな……」
巫女Ｂ「ひとりオペレッタができる状態まで……」
ももこ「『古事記』は、いろいろな家に伝わる書物や口伝《くでん》をまとめたもの。それらをまず、全部暗記して語れるようにしたということでしょうな」
巫女Ａ「どうしてわざわざ？　文字も漢字もあっただろうに」
ももこ「想像だけど、その家でしか通じない単語とか、言い回しがたくさん入っていたはずで。それをまとめて文章化するのは、意外に骨が折れる作業だったのではないかと」
ももこ「それで、ひとまず全部暗誦《あんしよう》できるまで覚えて……」
巫女Ａ「闇鍋《やみなべ》状態のものをすべて平《たい》らげて、自分の血肉《ちにく》にしてから文章化……」
巫女Ｂ「でも、編集したのは太安万侶さんなのですよね？」
ももこ「この二人、どういう関係だったんだろう？」
巫女Ａ「男二人でその作業って……、かなり濃い関係ですよね？」
巫女Ｂ「『稗田阿礼は女だった！』説というのも、ありそうですね」
ももこ「暗記や暗誦は女のほうが得意だものね」

ごしんせん　御神饌　（↓しんせん　神饌）

ごしんたい　御神体　（↓しんたい　神体）

ごしんぼく　御神木（↓しんぼく　神木）

ごしんや　御神矢（↓しんや　神矢）

ことだま　言霊

言葉に宿る「みたま（霊魂）」。ある言葉を発すると、「みたま」によって、その言葉の意味するとおりになるという信仰。

ことほぎ　言祝ぎ

声に出して誉《ほ》める、いわう。言祝ぎにより、言葉に宿る霊魂《みたま》、つまり「言霊《ことだま》」が発動し、祝いごとが実現される。

ごへい　御幣（↓へいはく　幣帛）

こまいぬ　狛犬

神社の社殿の前や、参道などに置かれた一対の獅子《しし》形の像。

巫女Ａ「狛犬の起源はインドやエジプトらしいです」
巫女Ｂ「インド。ももこさんのホームタウンですね」
ももこ「おお、どうりで狛犬は懐かしい。日本はシルクロードの終点で、いろんなものの最終形態が見られるけれど、狛犬もそのひとつなのかぁ……（しみじみ）」
巫女Ａ「一匹は口を開けていて、もう一匹は閉じている、『あ・うん』のペアが多いですね」
ももこ「二匹とも『あー』って口が開いてあるものも、見たことあるよ」
巫女Ｂ「狛犬の役割は、やはり番犬ですか」
巫女Ａ「神様の番犬。というか、番獅子。邪《じゃ》を退《の》けて神を守るのでしょ」
巫女Ｂ「神様の乗り物は馬で」
巫女Ａ「お稲荷さんのお使いはキツネ」
ももこ「犬はね、人間の、いちばん古いお友達ですよ。とくに狩猟時代は、生き延《の》びるためにともに戦っていた仲間ですよ。なにか凶事《まがごと》のきざしがあったとき、人は、その一番の友達を犠牲として殺し、神に捧《ささ》げることで、凶事を祓《はら》ってきた。今でもイヌイットなどにその風習は見られます」

巫女Ａ「さすが〝犬おたく〟」
ももこ「『祓う』という字のつくりの部分、犬という字に斜線が引かれているよね。これは、『犬を殺している形。犬牲《けんせい》（いけにえ）によって祓うことを表わす』と、白川静《しらかわしずか》先生の漢字辞典にも書いてある」
巫女Ｂ「人の身代わりということですか」
ももこ「おそらくね。私も十九歳のとき、実家で飼っていた柴犬が突然死んで、『ああ、父の身代わりになったのだ』と思ったもの。その当時の父は、治安の悪い国に駐在していたから。犬は、身を挺《てい》して人の身代わりになるという、そんなイメージがあるのだと思う」
巫女Ａ「でも、犬を身代わりにして祓うという風習そのものは、今の日本にはないですよね」
ももこ「そのかわりに、『犬』という文字で祓う、という呪術的なことは、今でもあるよ」
巫女Ａ「へえ」
ももこ「このあたりの風習で、初宮詣《はつみやもうで》の赤ちゃんが、おでこに文字を書いてお参りにくるでしょ」
巫女Ｂ「それ、見たことあります。『肉』の字ですね」
巫女Ａ「それ、キン肉マンだから。赤ちゃんは、男児が『大』、女児が『小』」
ももこ「柳《やなぎ》田《た》國《くに》男《お》先生によると、『大』は、もともとは『犬』の字だったらしい。むかしは、産屋《うぶや》で子供を産み、そこに籠《こも》って外に出なかったから、赤ちゃんも初宮詣の日にはじめて外出した。だから、お宮にたどりつくまでに魔がつかないよう、『犬』の字で祓ったという」
巫女B「犬が、身代わりになってくれるのですね」
ももこ「『犬』の点が落ちて『大』になって、やがて男女の別がきびしくなったころに、女児は『小』と書くようになったのではないかと思われ……」
巫女B「やがてそれが『肉』に……」
ももこ・巫女A「ならないから‼」

ごんげん　権現

仏や菩薩が、人びとを救うために、この世に現われた仮の姿。権化《ごんげ》。
平安以降、日本の神も、仏や菩薩の権化であるという思想から、「○○権現」という称号を持つ神々が現われるようになったが、明治政府の神仏分離の原則によって撤廃《てっぱい》された。
ももこ「最近、まわりの小学生男子が〝神化（かみか）〟って言葉をよく使うんだけど」
巫女B「ゲームの影響ですね」

ももこ「『二〇分休みにドッジボールしてたとき、〝神化〟して、足でキャッチした』」
巫女Ｂ「超進化みたいな意味ですよね」
巫女Ａ「仏が〝神化〟したものが権現だとすると、権現は仏よりパワーアップしたことになるのでしょうか」
ももこ「でも権現は、仏教がのしてる時代の話だから。『人気のある神もぜんぶ、じつは人間を救うために仮の姿で登場した、仏の化身なんだぜ』ということだから」
巫女Ａ「いわゆる本地垂迹《ほんじすいじやく》説ですね」
ももこ「どうして神の姿でないと民衆が救えなかったのかな？」
巫女Ａ「仏の説教がむずかしすぎた……」
巫女Ｂ「仏は完璧《かんぺき》すぎて近寄りがたかった……」
ももこ「そうすると、神のほうがわかりやすくて親しみやすかった、ということなのかな？」

ごんねぎ　権禰宜
その神社における、神職《しんしよく》の役職名。役職は上位から、宮司《ぐうじ》・禰宜《ねぎ》・権禰宜《ごんねぎ》。

「さ」

さいし　祭祀
まつり。神をまつる行事。

さいじょう　斎場
神をまつり、儀式を行なうための場所。常設のもののほか、特別な「まつり」のために建てられ、その直後にこわされる仮設のものもある。

さいじん　祭神
その神社にまつられている神。複数のこともある。

さいせん　賽銭
神社や寺への祈願・崇敬の表現として納《おさ》める金銭。
古くは神前《しんぜん》に米を撒《ま》く「散米《さんまい》」で、貨幣経済の広まりにより「散銭《さんせん》」になり、江戸時代になって「賽銭」と改められたといわれる。

さいふく　斎服

神社において中祭《ちゅうさい》で着用する装束《しょうぞく》。

皆具《かいぐ》は、冠《かんむり》、袍《ほう》、単《ひとえ》、差袴《さしこ》、笏《しゃく》、帖紙《たとうがみ》、浅沓《あさぐつ》。

「中祭」とは、歳旦祭《さいたんさい》、元始祭《げんしさい》、紀元祭《きげんさい》、神嘗奉祝祭《かんなめほうしゅくさい》（かつての神嘗祭当日祭《とうじつさい》）、天長祭《てんちょうさい》、その他、これに準ずる祭祀《さいし》および神社に由緒ある祭祀。

さかき　榊

神事に用いる樹木で、もともとは常緑樹全般のことだったが、現在では、ツバキ（ペンタフィラクス）科の樹木、学名 Cleyera japonica のことを指す。

原産地は、日本、朝鮮半島、台湾、中国だが、日本では関東以西にしか自生していないので、樫《かし》、杉、柘植《つげ》、もみ、ソヨゴ、イチイなど、その土地に生える樹木を用いる地域も多い。

さぎちょう　左義長

一月十五日を中心に行なわれる火祭《ひまつり》の行事。左義長の語源は諸説あり不明。地方により、「とんど」「どんどん焼き」などとも呼ばれる

さんさんくど　三三九度

結婚式における神酒拝戴《しんしゆはいたい》の儀。三度を三度重ねることで、縁起がよいとされる陽数（奇数）の一、三、五、七、九の中でも一番大きな九という数字になることから、年を重ねて、幾久《いくひさ》しく、家庭が続くようにと願ったもの。夫婦《めおとがた》固めの盃《さかずき》。

このほかに、親子固めの盃、親族固めの盃など、酒によって家族関係を「固める」のが日本の結婚式の特徴。

さんどう　参道

社寺に参詣するための道。

さんぱい　参拝

社寺に詣《もう》でて拝むこと。一般的な神社参拝の場合は、まず手水舎《てみずや》で手と口を清め、社頭で「二礼二拍手一礼《にれいにはくしゅいちれい》」にて拝礼する（例外もあり）。
拝殿に上がって参拝することを「正式参拝」と呼ばれ、祈願祭《きがんさい》とは別もの。社頭に申し込みをして行なう。修祓《しゅばつ》を受け、玉串《たまぐし》を捧《ささ》げて拝礼をする。

さんぼう　三方

神饌《しんせん》を載《の》せる器具。折敷《おしき》の下に台がついていて、その三方の面に眼象《げんしょう》（穴）をつくるところから名づけられた。全面に穴のあいた「四方《しほう》」とともに食事の盆として使われたが、後世、神事には、ほぼ三方を使うようになった。神前《しんぜん》では折敷の縁《ふち》の綴目《とじめ》を手前に向ける（その反対側にある胴《どう》の綴目は神前に向く）。

しちごさん　七五三

三歳、五歳、七歳の児童のいわい。晴れ着をまとって氏神《うじがみ》さんに詣《もう》で、無事成長を感謝、祈願する行事。

しちふくじん　七福神

幸福をもたらすとされる七神。メンバーは、恵比須《えびす》（戎）・大黒《だいこく》・毘沙門天《びしゃもんてん》・福禄寿《ふくろくじゅ》・寿老人《じゅろうじん》・弁財天《べんざいてん》・布袋《ほてい》（順不同）が一般的。室町時代に、画題となっていた「竹林《ちくりん》の七賢《しちけん》」になぞらえて七体の福神をそろえたのが始まりといわれる。宝船に乗った七福神は江戸時代の流行から。

じちんさい　地鎮祭

建築工事をはじめる前に、その土地の神にあいさつし、土地を祓《はら》い清め、工事安全と守護を願う「まつり」。

しで　紙垂

榊《さかき》の枝や串《くし》、注連縄《しめなわ》などに垂らす紙片や布。聖域を示す象徴。断ち方と折り方には、いくつかの形式や流派がある。地鎮祭《じちんさい》のときなど、土地のぐるりに四角く注連縄を張り、紙垂をすることにより、その囲いの中が神域、斎場《さいじょう》であることを示す。

しめなわ　注連縄
神前《しんぜん》、神域《しんいき》、斎場《さいじょう》などを示すため、その四方に張りめぐらしたり、あるいは正面に引き渡したりする縄のこと。シメナワのシメは古代における占有のしるし。

しゃく　笏
神職《しんしょく》が祭祀《さいし》や祈禱《きとう》の際に手に持っている木製の板。
平安時代、貴族が公事や儀式の際、細かく定められた次第《しだい》や作法を書いた紙を笏の裏側に張りつけて、万一（もの忘れなど）に備えたものが、現在では「容儀《ようぎ》をととのえる具」になった。
「拝《はい》」など敬礼作法の最初には、まず「正笏《しょうしゃく》」といって、笏を腹部の前に持ち姿勢を正《ただ》す所作《しょさ》を行なう。女子神職は、笏のかわりに「扇《せん》（扇子《せんす》）」を持つ。
巫女A「もともとカンニングペーパーを貼るための道具だったのですね」
ももこ「このカンペを笏紙《しゃくがみ》といったらしい。米をつぶして糊状にし、儀式のたびに、笏紙を貼っては剝《は》がし、貼っては剝がし……」
巫女B「笏が、カピカピになりそうですね」

ももこ「そう。何度も繰り返していると、さすがに笏のつや感もなくなるから、儀式が重なる時期は複数本の笏を用意して……」
巫女Ｂ「これは勝負笏、こっちは日常使いの笏、と使いわけていたかも」
ももこ「でも、同じ官人でも、中から下の人たちはそんな経済的余裕はないので」
巫女Ｂ「ここぞのときも、光沢のない笏のままですか」
ももこ「清少納言《せいしょうなごん》が『枕草子《まくらのそうし》』の一四四段『いやしげなるもの』のところで、最初に〝式部丞《しきぶのじょう》の笏〟をあげているのは、式部丞というのが五位や六位に当たる官職で、同じ笏に笏紙を何度も貼り直さねばならぬ様子を皮肉ったもの、といわれている」
巫女Ｂ「ちょっと可哀想《かわいそう》」
巫女Ａ「今でも貼っている人、いますか」
ももこ「わたしは見たことがないけど」
巫女Ａ「でも、たとえば長い祭祀の場合、次第を間違えるよりも、笏紙を貼ってでも間違えないほうが、神様には失礼がないですよね」
ももこ「うん。ただ、女子神職に限れば、『扇《せん》』は横向きに持つことが定められているので、やろうとしても、かなり細いカンニングペーパーしか、貼ることができないよ」

巫女A「扇は開かないのですか?」
ももこ「開くことはないな、作法として」
巫女B「残念。開いたら、『扇』のほうが書くスペースがたくさんあるのに」

しゃけ　社家
代々特定の神社の神職を世襲する家柄。

しゃむしょ　社務所
神社の事務を行なう建物。御札や御守の授与所、祈禱《きとう》の受付所など、参拝者対応の窓口も兼ねる場合がある。同じ建物の中に直会所《なおらいどころ》が併設されていることもある。

しゅうきょうほうじん　宗教法人
『教義をひろめ、儀式行事を行ない、及び信者を教化育成することを主たる目的とする団体、つまり「宗教団体」が都道府県知事若《も》しくは文部科学大臣の認証を経て法人格を取得したもの』(文化庁のHPより)

ももこ「ひとつひとつの神社は、単位《たんい》宗教法人。神社本庁《じんじやほんちよう》は、包括《ほうかつ》宗教法人。うちの場合は、神社本庁に包括されているから、単位宗教法人で、被包括《ひほうかつ》宗教法人」

巫女Ａ「神道で、神社本庁以外にも、包括宗教法人はありますか」

ももこ「京都を中心とする近畿に分布する八〇社を包括している神社本教《じんじやほんきよう》、広島県下の神社を中心に包括している神社産土教《じんじやうぶすなきよう》、木曾御嶽本教《きそおんたけほんきよう》、出雲教《いずもきよう》、石槌本教《いしづちほんきよう》など、いろいろあるよ。にしても、神社本庁は七万九千五七の神社と、各都道府県の神社庁を包括しているから、圧倒的に大きな法人だよね」

巫女Ｂ「単位宗教法人で、どの包括宗教法人にも属していない神社は？」

ももこ「単立《たんりつ》宗教法人と呼ばれます」

じゅうさんまいり　十三参り

年祝い、厄除《やくよけ》行事のひとつ。数えで十三歳の男女が社寺に詣《もう》で、厄災除《やくさいよけ》を祈願し、知恵と福徳を授《さず》かる。十三歳という年齢は、男子が元服、女子は初潮などと重なるため、大人になる儀礼として位置づけられている。

関西、とくに京都では、空海《くうかい》が室戸《むろと》岬《みさき》の洞窟に籠《こも》って虚空蔵求聞持法《こくうぞうぐもんじほう》を会得《えとく》して、記憶力を格段に伸ばしたことにあやかり、十三歳になった少年少女が虚空蔵菩薩を本尊とする寺へ参拝して知恵を授かる風習が、もともとさかんだった。近年では、全国各地に広がりを見せている。

しゅばつ　修祓

祓《はらえ》を行なうこと。

あらゆる祭典の直前に修祓があり、神饌《しんせん》、玉串《たまぐし》、奉仕者（神職など）、参列者などが祓《はら》われる。

しゅらい　習礼

祭典のリハーサル。段取りの確認。

じゅよひん　授与品

神社から祈願者、参拝者に授与される、神威を帯《お》びた品。御札・御守、撤饌《てっせん》（おさがり）、腹帯《はらおび》、神矢《しんや》、縁起物など、すべてをまとめて授与品と呼ぶ。

しゅんこうさい　竣工祭

建物が完成し、入居するにあたって行なう「まつり」。新築した建物を祓《はら》い清め、無事完成を神に報告し、建物とそこに関わる人々の安全と繁栄を願う。

しょういちい　正一位

朝廷から諸神に対して与えられた位階《いかい》のうち、もっとも位の高いもの。もとは人に対する位階を、祭神に対しても採用したもの。

多くの稲荷社に「正一位稲荷大明神《いなりだいみょうじん》」と書かれた幟《のぼり》が立てられているのは、その名残《なごり》と見られる。

しょうぞく　装束

祭祀《さいし》や儀式のときに着る服。

神社祭祀には大祭《たいさい》(例祭《れいさい》)、中祭《ちゅうさい》(公式の祭祀)、小祭《しょうさい》(個人祈禱や地鎮祭など)という三つの祭式《さいしき》があり、それぞれに着用する装束が異なる。

『源氏物語《げんじものがたり》』『枕草子《まくらのそうし》』などに登場する公家《くげ》の装束は、生地がやわらかくしなやかな

「なえ装束」だったが、平安時代、第七十四代鳥羽《とば》天皇の御代《みよ》のあたりから、生地に糊をきかせてごわごわとさせた「剛《こわ》装束」となり、烏帽子《えぼし》も糊でかためて漆をぬった固いものになった。

上棟祭　じょうとうさい

建築の際、柱が立ち、棟木《むなぎ》を上げる段階で行なう「まつり」。地鎮祭《じちんさい》では土地の神を迎えるが、上棟祭では建物の神や匠の神を迎える。「たてまえ」「むねあげ」ともいう。

じんぐう　神宮

伊勢《いせ》神宮の正式名称。「神宮」とだけいうときは、伊勢神宮のことを指す。

江戸時代まで、大神宮《だいじんぐう》（伊勢神宮内宮《ないくう》）・鹿島《かしま》神宮・香取《かとり》神宮の三社だけが「神宮」を社《しゃ》号《ごう》としており、第二次大戦の終戦まで「神宮」を名乗るには勅許《ちょっきょ》（天皇の許可）が必要だった。現在でも「神宮」を公式な社号とするには神社本庁《じんじゃほんちょう》の特別な承認が必要。ただし、神社本庁に属さない神社の中には「神宮」を社号としているところもあり、社号ではなく通称として「神宮」を使っているところもある。

じんぐうじ　神宮寺
神仏習合《しんぶつしゅうごう》時代、神社に付属して建てられた寺。その多くは明治時代に分離された。伊勢《いせ》神宮の「神宮」とは無関係なので注意。

じんぐうたいま　神宮大麻
伊勢《いせ》神宮から年ごとに全国頒布《はんぷ》される神札《しんさつ》。他の神社でも頒布されることが多い。

じんぐうれき　神宮暦
伊勢《いせ》神宮から発行される暦《こよみ》。

しんこうさい　神幸祭
神が、いつも鎮座《ちんざ》している場所から、外へ出でます（いらっしゃる）祭典。神が渡御《とぎょ》し、氏地《うじち》を巡幸《じゅんこう》する「まつり」。

しんじ　神事

神に関するまつりごと。「祭祀《さいし》」より広い意味で使われる。たとえば、「相撲は神事である」「酒造《づく》りの工程の節目節目《ふしめ》で神事を行なう」など。

じんじゃ　神社

日本民族古来の神、祖先、偉人などの神霊《みたま》をまつるための施設。

じんじゃちょう　神社庁

神社本庁《じんじゃほんちょう》の地方機関として置かれた組織。

神宮大麻《じんぐうたいま》の頒布《はんぷ》、神職《しんしょく》の養成、神職階位《かいい》の授与、神社祭祀《さいし》に関する指導のほか、不動産をはじめとする神社財産の管理の指導などを行なっている。

巫女A「他の業務はわかるのですが、不動産管理の指導というのはどういうことでしょう?」

ももこ「不動産は、ひらたくいえば、所有している土地のことだけれど、神社にとってそれは鎮守《ちんじゅ》の杜《もり》であることがほとんど。鎮守の杜は、神と一体なのだよね。だから、不動産の一部を処分などするときには、必ず本庁の統理《とうり》（代表）の承認がいるようにしているわけ」

巫女Ａ「神社が土地を売らなアカンことになるほど、運営が立ち行かなくなることが、あるのですか」

ももこ「たとえば、神前結婚式がブームになった時代、神社が借金して神社所有地に大規模な式場をドーンと建てたはいいが、ブームが去って借金だけが残った場合」

巫女Ｂ「あー」

ももこ「人びとは、社殿の修復や改築にはご寄進しても、結婚式場の建設にご寄進はしない。もちろん行政だって、補助金は出さない」

巫女Ａ「ですよね」

ももこ「そういった神社の問題解決に、神社庁が相談にのることもある、ということ」

巫女Ａ「たいへんですね」

ももこ「会社じゃないから、経営破綻《はたん》しました、倒産しました、ではすまされないことなんだよ、神社の運営というのは」

巫女Ａ「なんか上から目線ですね、ももこさん！」

ももこ「言うだけなら、なんとでも言えるからね！」

巫女Ａ「結婚式場はさすがにハコとしての投資が大きすぎたとしても、パワースポットや、アニメ、ゆるキャラ、刀女子《かたなじょし》など、ブームになっていることに神社が便乗するのはアカンことですかね？」

ももこ「ブームに便乗するなという規則はないから、各神社の自由だと思うけれど……。すくなくとも私の場合は、ＮＨＫ人形劇の『三国志《さんごくし》』が大好きで、ずーっと見てたけど、けっきょくあの人形劇が好きだっただけ。『三国志』の原典まで読んでくわしく掘り下げたりしなかったから、その効果については、なんとも言えないな」

巫女Ｂ「陰陽師《おんみようじ》の漫画を読んで神社に興味を持って、巫女をしているＡさんのような人もいますよ」

巫女Ａ「たしかに」

ももこ「ただ、神社やお寺って、その魅力を参拝者みずから発見するのが楽しいのであって、その魅力を社寺の側がアピールするものではないと思う」

巫女Ｂ「それをやってしまうと、クールジャパンのようなことになりますね」

ももこ「自分でクールって言いだしたら白ける、という」

巫女Ａ「たしかに」

ももこ「だからね、私、失敗したナァと思って」

巫女Ｂ「何が？」

ももこ「神職になったこと。神社庁の検定講習に通い、神社庁から階位《かいい》を授与され、神社庁から権禰《ごんね》宜《ぎ》の辞令を受けて。まあ、相当がんばったのだけども」
巫女Ａ「ああ……ハイ」
ももこ「神社の嫁だった時点では、よそ者として、『神社のここが、おもろい！』という発見を、堂々と表明できたわけですが」
巫女Ａ「今となっては、内側の人になってしまいましたからねぇ」
ももこ「この神社用語小辞典も、〝おもしろ〟とかいいながら、そこまで〝オモロク〟はできない。内側の人だから。それで、〝おもしろ？〟と〝ハテナつき〟にするしかない」
巫女Ｂ「え、そこですか！」
ももこ「ヘタすると、ジャパンが『クールジャパン！』を連呼している状態になりそうで。だからと言って、聖職者気取りで説教くさいことを言うのは、絶対に嫌だし……」
巫女Ｂ「まあ、すでに多少えらそうですけど」
ももこ「それは年を重ねたがゆえの貫禄《かんろく》」
巫女Ｂ「最終的に、瀬戸内寂聴《せとうちじゃくちょう》さんみたいになればいいんじゃないですか」
ももこ「でも、それには圧倒的に人生経験が足りない。恋愛経験も」
巫女Ａ「それはこれから積めばいいんじゃないいんですか」

ももこ「今から?」

じんじゃほんちょう　神社本庁
「神宮《じんぐう》（伊勢《いせ》神宮）」を「本宗《ほんそう》」と仰《あお》ぎ、全国約八万社を包括《ほうかつ》する組織。

しんしょく　神職
神社の祭祀《さいし》、維持、運営を行なう職員。宮司《ぐうじ》、禰宜《ねぎ》、権禰宜《ごんねぎ》などの総称。

しんせん　神饌
神にお供《そな》えする飲食のこと。古くは「みけ」。
神社においては、すべての「まつり」で、かならず神饌を供える。その作法は、規定により細かく定められており、極めて神聖なものとして丁重《ていちょう》に扱われる。
通常、神社では「丸物神饌《まるもの》」といい、生《なま》の、まるのままのものをお供えするが、古社の例祭などでは「熟饌《じゅくせん》」といって、忌火《いみび》で調理した食べ物を供えることもある。
伊勢神宮《いせじんぐう》では、古代からの摩擦《まさつ》式で忌火を起こしている。ちなみに当社では、生の神饌

（丸物）を扱うので、調理に忌火は使っていない。
ももこ「私なんか、会計ソフトに『さ』って打ちこむだけで、勘定科目に『祭典費』、補助科目に『神饌費』って一発で出るようにカスタムしているよ」
巫女Ａ「『神饌費』は本当によく使う科目なのですね」
ももこ「ほぼ毎日ね。地鎮祭《じちんさい》の神饌も含めて」
巫女Ｂ「神饌って、買ってるんですか！」
ももこ「買ってるんだよぉ。もちろん、氏子《うじこ》さんから、お酒やお米のお供えがあるよ。でも、果物も、野菜も、海菜も、魚も、うちみたいな町なかの神社は、買わないと無い」
巫女Ａ「そう言われてみれば、そうですね」
ももこ「大きい神社のなかには、神饌用の田畑を持っていて、そこで採《と》れたものをお供えしたりするけれど……。神饌を扱う神職《しんしょく》は数日前から忌《いみ》に入って身が汚れないようにして、調理した神饌を供《きょう》する場合は、その調理にも忌火という神聖な火を使うんだからね！」
巫女Ｂ「気合が入っていますね」
ももこ「そう、気合。神社は、神饌に対する気合が半端《はんぱ》ではない。うちだって毎日、林檎《りんご》や甘夏《あまなつ》の神饌を野鳥たちに食べられちゃってるけど、『じゃあ缶詰にしようか』などという話は絶対に出てこないから」

巫女A「このあいだ、大きな神社の例祭《れいさい》を見学させてもらいましたけど、祝詞《のりと》の時間よりも、断然、神饌の上げ下げの時間のほうが長いし、たくさんの人員を使っていました」

巫女B「お供えを並べるのに四〇分くらいかけていたよね」

ももこ「でしょう？　神と食を共にする『供食《きょうしょく》』という行為が、神道にとってはものすごく大事。ひょっとしたら『祈り』よりもプライオリティーが上かもしれない」

巫女A「神に捧げたものを自分も食べて、お酒を飲んで……」

ももこ「それによって、神と響きあう」

巫女A「キリスト教では、神様にお供えはしませんね」

ももこ「神がものを食べるという発想がない。だからかなあ、教会の日曜学校でいただくごはんは、まずかった」

巫女B「それは、調理担当者の腕の問題でしょ。埼玉《さいたま》の教会の」

ももこ「埼玉は余計」

巫女B「トラピストクッキーとかは美味しいのにな、北海道の」

巫女A「それはお供えではなくて、人間専用につくっているもの。まずかったら誰も食べない」

ももこ「やっぱり、キリスト教会の場合は、人々の貧しさに寄り添うということが基本だから、いろいろ質素。めいっぱい盛大にやるというイースターにしても、クリスマスにしても、日本の宴会のごちそうからくらべたら、ささやかな食事だよ」
巫女Ａ「逆に、どうして神道はこんなに神饌にこだわるのでしょう」
ももこ「これは私の考えだけれど、日本人は、神の中に、祖先を見ているからじゃないかな。ずっと昔の祖先を。だから一緒に飲み食いして和《なご》みたい。村が立派に繁栄しているところを祖先に見てもらいたい。神饌を並べるのは、そういう気持ちの表われでもあると思うよ」

しんぜん　神前

神の前。神前に出るときには、必ず心身を清浄にし、修祓《しゅばつ》をしてから出る。

しんぜんけっこんしき　神前結婚式

神社や式場などで神職《しんしょく》によって行なわれる結婚式。
ももこ「神前結婚式の歴史は意外と浅く……」
巫女Ａ「でも、時代劇とかに出てきますよね。祝言《しゅうげん》をあげるところ」

ももこ「あれは家の座敷でやっていて、神職は登場していないでしょ」
巫女Ａ「あっ、そういえばそうですね」
ももこ「明治になってキリスト教の結婚式が行なわれるようになってから、その影響で神前結婚式も行なわれだしたけれど、ポピュラーになったのは明治三十三年の皇太子様の結婚式が神前で行なわれてから」
巫女Ｂ「それまで家の中でやってきた婚礼の儀式を、神社の神前でするようになったのですね」
ももこ「結婚式場でも神職を呼んで神前結婚式をするようになったらしい」
巫女Ａ「じゃあ、私たちがお手伝いする三三九度《さんさんくど》や、夫婦固《めおとがた》めの盃《さかずき》、親族固めの盃なんかは」
ももこ「家でやっていたころからの儀式だと思う」
巫女Ａ「へー」

しんぞう　神像

神道の神々を刻んだ像。奈良時代後期ごろから、仏像をまねて作られた。仏像と違って、ふだんは表に出されないので、あまり目にしない。

しんたい　神体

神霊《みたま》が宿るもの。礼拝の対象。石、岩、山、滝などの自然物（「神籬《ひもろぎ》」「磐境《いわさか》」「磐座《いわくら》」など）に始まり、鏡、剣、玉、あるいは神像彫刻などもある。

しんたいさん　神体山

神霊《みたま》が宿る山。山そのものが、ご神体として拝まれている山。

しんとう　神道

日本の風土から生まれた独特の神観《しんかん》にもとづいて、さまざまに発展した信仰のかたち。

巫女Ａ「日本独特の神観とは……」

ももこ「それは古典から学ぶんだよォ」

巫女Ａ「古典というと」

ももこ「『古事記《こじき》』『日本書紀《にほんしょき》』『先代旧事本紀《せんだいくじほんぎ》』『万葉集《まんようしゅう》』『延喜式《えんぎしき》』『新撰姓氏録《しんせんしょうじろく》』『古語拾遺《こごしゅうい》』……、それから『風土記《ふどき》』。これらすべて一冊にまとまった『神典《しんてん》』というのが、うちの神社の社務所の本棚にある」

巫女Ａ「そこに神観が書かれているのですか」

ももこ「教えの書かれた教典ではないけれど、そこには古代の人びとの豊穣《ほうじょう》な神観や信仰のありようが織りこまれていて、それを読むことで感覚的に継承していくことはできる、というわけ」

巫女Ａ「まるで、すべて読破したかのような言い方ですが」

ももこ「まだです！」

巫女Ｂ「じゃあ神道については語れないですね」

ももこ「ただね、そうはいってもね、『神道は天地《あめつち》を以《もっ》て書籍と為《な》し、日月《にちげつ》を以て証明と為す』と、吉田神道《よしだしんとう》の『唯一神道名法要集《ゆいいつしんとうみょうほうようしゅう》』にもあるとおり、本来、神道は天地自然から学びとるものなんですよ」

巫女Ｂ「出た！」

巫女Ａ「でも、ひとつの絶対的な教典があったとしても、その解釈の仕方でいろいろな宗派に分かれますしね」

ももこ「古典を通して、天地自然にある神々との交流方法を感覚的に学び、五感を磨《みが》いて実践していく方法、それが神道だと思います。以上！」

しんぶつしゅうごう　神仏習合

仏教が日本に伝来して、それまで日本にあった固有の信仰形態は神道として区別されるようになったが、中世から明治維新にいたるまでの長いあいだ、民衆レベルでは神と仏がつねに共存していた。その信仰の状態をあらわす言葉。

しんもん　神紋

神社ごとに定められた紋章。家紋の出現とほぼ同じころに出現したとみられる。基本形が二〇〇ほどあり、巴《ともえ》・桐《きり》・菊・梅・葵《あおい》・菱《ひし》・木瓜《もっこう》（キュウリの断面のよう）・桜・藤・亀甲《きっこう》などをベースにしたものが多数見られる。

ちなみに当社の神紋は、スサノオノミコトの「木瓜」と菅原道真公《すがわらのみちざねこう》の「梅鉢《うめばち》」。

すず　鈴

「音の涼《すず》しき」より名づけられたというその音色によって、神様をおなぐさめするもの。

拝殿前に吊《つ》るした大きな鈴は、鳴らすことによって参拝者の心を新たにするとともに、神霊《みたま》の発動を願う。麻苧《あさお》や紅白の細い布、または五色の紐《ひも》をつけ、それを揺らすことにより音を鳴らす。この紐状のものは「鈴の緒《お》」と呼ばれる。
また、巫女舞《みこまい》の持ち物にも用いるが、これを「神楽鈴《かぐらすず》」ともいう。

ももこ「楽器にも、竿《さお》もの（弦《げん》楽器）、打《う》ちもの（打楽器）、吹《ふ》きもの（管楽器）、いろいろあるけど、すべての音は空気の振動による。それが目に見えて感じられるのが、鈴でしょう」
巫女A「鈴そのものを振り動かして、音が出ますからね」
ももこ「神道では、『振る』には主に二つの効果があるよ」
巫女A「ひとつは祓《はら》い清めでしょう」
ももこ「そ。「祓え串《ぐし》」を『左、右、左』と振って罪や穢《けが》れを祓うように、凶事《まがごと》を振り落とす」
巫女A「もうひとつは魂振《たまふ》りでしょう」
ももこ「そうそう。振ることによって魂《みたま》を活性化させる」
巫女A「鈴はその音色によって、この二つの効果を期待しているのですね」
巫女B「ドラえもんは大きな鈴をつけているから、いつも元気なのですね」
巫女A「あ、身につけているといえば、御守についている鈴はどうですか」
ももこ「御守の鈴は、厄除《やくよけ》・魔除《まよけ》の意味合いが強いよね。クマが出没する山に登るとき、クマを近づけないために鈴を振りながら歩くでしょう。凶事《まがごと》に出会わないようにするという、鈴だよね」

巫女Ａ「鈴って、単純だけど深いですね」

せいじょう　清浄

清々《すがすが》しい、清められた、清まった状態。日本人が、何はなくとも一番に尊重することがら。神は清浄を好むとされるため、神前《しんぜん》に出る際は、心身を清浄にするために修祓《しゅばつ》や斎戒《さいかい》が行なわれる。

巫女Ａ「巫女にとっても一番大事なのは清浄」
巫女Ｂ「清潔感」
ももこ「そのとおり」
巫女Ａ「だから、巫女たちが触覚へアにしていると、ももこさん、めちゃくちゃディスってきますよね」
ももこ「横の髪の毛をだらっと垂らすのんね。あれ、アカンやつね」
巫女Ｂ「でも、触覚があったほうが小顔《こがお》に見えますよ」
ももこ「巫女に小顔効果は必要ない」
巫女Ｂ「始まったな……退散、退散」

せっく　節供

いまでは「節句」と書くほうが多いが、もとは「節供」で、宮中で一年のうち節目《ふしめ》の日に天皇に供《きょう》された食事のことを意味した。なかでも奇数の重なる五節供は縁起がよいとされ、民間にも広く浸透した。

江戸幕府が定めた式日《しきび》の五節供は、正月七日の「人日《じんじつ》」、三月三日の「上巳《じょうし》（ひなまつり）」、五月五日の「端午《たんご》」、七月七日の「七夕《しちせき》（たなばた）」、九月九日の「重陽《ちょうよう》」。

ももこ「日本人が節供にやることは、そもそも、ぜんぶ『祓《はら》え』だから」
巫女Ａ「ひなまつりは、人形《ひとがた》に穢《けが》れを移して海や川に流す行事だったというのは知っていますが」
巫女Ｂ「端午の節供は？」
ももこ「菖蒲《しょうぶ》の花の強い香りで邪気《じゃき》を祓う」
巫女Ａ「七夕《たなばた》も？」
ももこ「御霊《みたま》の衣服を織って棚に供《そな》え、穢れを祓う」
巫女Ａ「そうか、『棚機《たなばた》』ですもんね」
巫女Ｂ「では、重陽は？」
ももこ「菊についた朝露でからだを拭《ふ》いて穢れを祓う」

巫女Ａ「どうして節供に祓えをするのでしょう？」
ももこ「私の推測だけれど、季節の節目ということは、〝変わり目〟ということでしょ。気圧やら、気温やら、陰と陽のバランスやらがカチッと変わる、その変わり目にパチッとタイミングを合わせて、シュッと祓うことで、スルッと落ちるのじゃないかな、穢れが」
巫女Ｂ「説明に擬音が多い！」
ももこ「大阪に一〇年以上住んでいると、こうなります」

せっしゃ　摂社
本宮《ほんぐう》神社の管理下にある小規模な神社。本社《ほんしゃ》と深いゆかりのある神をまつる枝社《えだしゃ》。境外《けいがい》摂社は、社域の外にある摂社。

せんぐう　遷宮
神社の本殿を改修または新築する際、本殿から仮殿《かりどの》へ、仮殿から本殿へ、神を遷《うつ》し奉《たてまつ》ること。神道にとって、神威《しんい》がもっとも高まる祭儀《さいぎ》とされる。

せんじゃふだ　千社札

社寺に参拝した際、自分の生地、氏名、年月などを書いて社殿などに貼りつけた紙札。室町時代からはじまり江戸時代に千社詣《せんじゃもうで》が流行したころにピークを迎えたが、現在では信仰とは離れた趣味の分野になっている。

そうじ　掃除

神社でも、掃除は「掃除」と呼び、とくに専門用語はない。

巫女B「巫女さんというと、白衣に赤い袴《はかま》、草履《ぞうり》を履《は》いて境内を箒《ほうき》で掃《は》いている姿を想像していたのですが」
巫女A「したことないですよね、白衣に袴で掃除は」
巫女B「だいたい、そんなことしたらドロッドロになるということがわかりました」
ももこ「掃いたものを箕《み》ですくうときに、しゃがむもんね、どうしたって袴は汚れる」
巫女A「白衣も汚れる」
巫女B「ご神前《しんぜん》に出る装束が汚かったらアカンし」
ももこ「だいたい、上トレーナー、下ジャージ、その上に白作務衣《しろさむえ》というのが〝掃除スタイル〟なのは神職《しんしょく》も同じ。白作務衣はウタマロせっけんで、こすり洗い」
巫女B「ウタマロせっけん……って？」
ももこ「男子の上履《うわば》きも、靴下も、足袋《たび》の汚れもなぜか真っ白になる石鹸。神職必携！」

そうじゃ　総社
国ごとに国内の神社の祭神を集めてまつった神社。

そうだい　総代
氏子《うじこ》、崇敬者《すうけいしゃ》のなかの代表者。世話人役。「まつり」に協力し、神社の維持に助力する人。

それい　祖霊
先祖の霊。時とともに、死霊《しれい》→祖霊《それい》→神霊《しんれい》（みたま）となる、という考え方もある。家の中で、祖霊が奉られているお社《やしろ》を「祖霊社《それいしゃ》」、祖霊の依《よ》り代《しろ》を「霊璽《れいじ》」と呼ぶ。祖霊社と霊爾は、それぞれ仏教における仏壇と位牌にあたる。

そんきょ　蹲踞

しゃがんだ状態。神道の蹲踞はかかとを地につけて、膝頭《ひざがしら》は「開かず、すぼめず」の状態。

ももこ「一年ほど前から剣道を始めたんだけど、剣道の蹲踞は神道の蹲踞と違うんだね」

巫女Ａ「相撲の蹲踞みたいな感じですよね、かかとを上げて、膝頭は開いて」

ももこ「意味的には、しゃがむことで、自分を低くして、相手に敬意を表するということだと思うけども。神道の蹲踞はかかとが地面についているところが違う」

巫女Ｂ「かかとを地面につけた蹲踞って、できない人、いませんか」

ももこ「体が硬くなったオジサンは、できないと思うよ。でも、神社だと、一般的には『薦後取《こもしどり》』ぐらいしかやらない所作《しょさ》なの、蹲踞は。でもって、この薦後取は、奉仕する斎員《さいいん》のなかでも下位のほうの者、したがって、わりと若手がやる係だから問題ない」

巫女Ａ「コモシドリ？」

ももこ「薦《こも》という、ゴザみたいなものを敷く係。蹲踞の態勢で横に移動しながら、丸めた薦を広げていく」

巫女Ａ「祭典では、薦を敷くにも作法が決まっているのですねえ」

「た」

だいかく　大角
折敷《おしき》に脚《あし》をつけたもので、これに幣帛料《へいはく》を載《の》せて神前《しんぜん》に供《そな》える。両方の板脚《いたあし》には眼象《げんしょう》（穴）を福袋型にくりぬいてある。方八寸《ほうはっすん》（約二四センチ四方のサイズ）であることから、「八寸《はっすん》」と呼ぶこともある。

たいしゃ　大社
『延喜式《えんぎしき》』の神明帳《じんみょうちょう》に「大社」として載《の》っている神社。
また、「おおやしろ」と読む場合は、出雲大社のこと。
このほか、かつて官幣大社《かんぺいたいしゃ》や国幣大社《こくへいたいしゃ》などの社格を有していた神社が、戦後に「大社」を名称としてつけた場合も多い。

だし　山車
祭礼のときに飾りつけをして引いたり担《かつ》いだりする屋台。

神輿《みこし》が「神様が外にお出かけになる際、一時的に鎮《しず》まる輿（乗りもの）」であるのに対し、山車には、神様ではなく人が乗ってお囃子《はやし》をするなど、賑《にぎ》やかな人寄せ的役割が強い。

ももこ「山車というと、岸和田《きしわだ》のダンジリ、京都祇園祭《ぎおんまつり》の山鉾《やまぼこ》、青森ねぶたの山車燈籠《とうろう》などが名高いよね」

巫女Ａ「お神輿との違いは、神様が乗っているかいないかですね。例外はあるでしょうけど」

ももこ「山車の由来は平安時代の大嘗祭《だいじょうさい》の折に引かれた『標山《しるしのやま》』で、神霊《みたま》の依代《よりしろ》を示すものだったから、神霊と完全に切り離されているわけではないのだけど……、後世は、装飾が華美になって音《おん》曲《ぎょく》を奏《かな》でるお囃子の人たちも乗るようになっているものね」

巫女Ａ「でも山鉾は、とんがっているぶん〝ヨリシロ感〟がありますね」

ももこ「そりゃ、もともとは『鉾《ほこ》（矛）』という依代だからね。私のイメージでは、神輿は、神様が飛脚《ひきゃく》の籠《かご》に乗っているようなイメージ。山車は、ぐるぐる引き回しているあいだ、神霊があっちの山車からこっちの山車へ『ひょい、ひょい』と風のように自由に渡り歩いているようなイメージかな？」

たたり　祟り

人間の誤った行為（過失や祭祀《さいし》を怠慢にしたときなど）が原因で、神霊《みたま》が「とがめ」として厄災《やくさい》を発動する状態。そのときの超越的な力。

たまがき　玉垣

神社や神域《しんいき》の周囲にめぐらされた垣。板のこともあれば、石のこともある。二重三重にはりめぐらされている場合は、一番内側を瑞垣《みずがき》、その外側を、玉垣や荒垣《あらがき》、板垣などと呼ぶ。

ももこ「ちなみに、八岐大蛇《やまたのおろち》を退治してクシナダヒメを妻にしたスサノオノミコトは、日本最古の和歌といわれるものを詠《よ》んでいます。それが、出雲《いづも》の雲を玉垣に見立てた歌。

八雲《やくも》立つ　出雲八重垣《やえがき》　妻籠《つまご》みに　八重垣作る　その八重垣を」

巫女Ａ「どういう意味ですか」

ももこ「出雲の空に雲が八重に出ているなあ、オレが妻を籠《こも》らせるためにつくった八重垣みたいに……」

巫女Ａ「二重三重どころか、八重にも垣をめぐらしたんですね」

ももこ「奥さんを籠らせるためにね」
巫女Ａ「愛の巣ですね」
巫女Ｂ「一家の主人が外でかせいでくるから、専業主婦は家から一歩も出るな、みたいな」
巫女Ａ「いやいや、深読みしすぎでしょ。それにしても、めっちゃ八重垣を連呼していますね」
ももこ「そこがよい」
巫女Ａ「うん、連呼でリズムを出していっていますね」

たまぐし　玉串
榊《さかき》の枝に木綿《ゆう》や紙垂《しで》をつけたもので、神前《しんぜん》に拝礼するときに捧《ささ》げる。ご祈禱《きとう》料を「玉串料」というのはここから。

ちのわくぐり　茅の輪潜り
茅《かや》でつくった大きな輪を参道に立てて、これをくぐることで、罪や穢《けが》れを祓《はら》って厄病除《よけ》を願う行事。

ちょうずや　手水舎　（→てみずや　手水舎）

ちんじゅ　鎮守

一定の地域、土地に住む人たちを守護すること。本来は文字どおり、土着の神霊を圧伏《あつぷく》させるために、強い神を呼んできた（勧請《かんじよう》）のが鎮守神だったが、時代とともに土着の神と混同されるようになった。現在では氏神《うじがみ》さんや産土神《うぶすながみ》とほぼ同じ意味。

ちんこん　鎮魂

みずからの魂《たましい》をふるい起こし、神の「気」を招き鎮《しず》めることで、みずからの魂を安定・充実させ、その霊性や霊能を十分に発揮させる神道独自の行法《ぎようほう》。

安座《あんざ》（上体を真っ直ぐにして両足の裏を合わせる座り方）をして、目はつぶり（もしくは半目）、左手と右手の指を組み合わせ、「十種神宝《とくさのかんだから》」という御神宝を思念《しねん》して「ひーふーみーよーいーむーなーやーこーとー」と唱《とな》えながら、上体と、組み合わせた両掌を「左・右・前・後・中」の順にそれぞれ一〇回ずつ、円を描くように回す動きを行なう。

つきなみさい　月次祭
伊勢神宮《いせじんぐう》において、六月と十二月に行なわれている祭儀《さいぎ》。また、各神社で毎月一日など期日を決めて行なわれている祭儀も、月次祭と呼ばれている。

てみずや　手水舎
参拝者が神域《しんいき》に入る前に、手を洗い、口をすすいで清めるところ。略式の「禊《みそぎ》」をする場所。神事の前に神職《しんしょく》や祭員《さいいん》、総代《そうだい》などが行なう「手水《てみず》の儀」では、常設の手水舎は使わず、桶などで別の手水を設《もう》ける。

でんしょう　伝承
ある社会集団において、世代を超えて伝達されてきた文化、習俗、信仰体系。その民族の日々の暮らしや行動様式の中に含まれており、民族の特性を知るための重要な資料である。

てんじんさん　天神さん
信仰の対象となった菅原道真公《すがわらのみちざねこう》（八四五〜九〇三）の呼び名。

てんじんちぎ　天神地祇
「あまつかみ・くにつかみ」のこと。八百万《やおよろず》の神々を「天神《あまつかみ》（天に坐《ま》します神、天より降り坐《ま》せる神）」と「地祇《くにつかみ》（国土に成り坐せる神）」に大きく分ける概念。
この場合の「天神」は、菅原道真公の「天神」とは異なるので注意。

てんちしんめい　天地神明
天地《あめつち》の神々。「天神地祇《てんじんちぎ》」とほぼ同義。

とうろう　燈籠
ももこ「うちの石燈籠の中にも、ひとつ、大阪府の文化財に指定されているものがあります」
巫女Ａ「燈籠の隣に、教育委員会の説明板が立っていますね」

ももこ「火袋《ひぶくろ》の部分に仏教の梵字が彫《ほ》ってある。なぜなら鎌倉時代の神宮寺《じんぐうじ》があったころの燈籠だから」
巫女B「神仏習合《しんぶつしゆうごう》時代の名残《なごり》ですね。文化財ですけど、現在もローソクを入れて使っていますよね」
ももこ「だって灯《あかり》を献《けん》ずるものだもん、燈籠は」
巫女A「いろんな時代のものが、いろんな場所に立っていて、同じように灯をともして使っているところが、よいですね」
巫女B「石燈籠といえば、火袋の和紙貼りが、うちでは去年から巫女の仕事になりました……よね？」
ももこ「燈籠はご寄進によって建てられることが多いので、場所によって奉納された年代が違ってい て、火袋の窓のサイズと形状がまちまち。今までは先代が残したサイズのメモを見ながら和紙を切って、水で溶いた糊を四方につけてから火袋の窓に貼りつけていたけど、一人で全部やると一日がかりなんだよね。年末は忙しいから、なんとかしてこの作業を人にやらせようと思って……」
巫女B「人にやらせよう……と？」
ももこ「そう。ぜんぶの燈籠の型紙をつくればいいんだと思って、〝百均〟に行ったときに見つけたポリプロピレンのシートを火袋の窓サイズに切って、型紙にして。その型紙にそって鉛筆で和紙に輪《りん》郭《かく》を書いて、枚数分切りぬけばいいでしょ。で、ひとつひとつの燈籠に名前をつけて、型紙にその名前シールを貼って、境内地図に燈籠の場所と名前をマークしておき、貼り係に渡す。ここまで揃っていれば誰にでもできる！」
ももこ「でも一回作っちゃえば、あとは毎年、下に丸投げできる」
巫女Ａ「型紙と燈籠地図を作るのって結構な労力ですよね」
巫女Ｂ「下？」
ももこ「下巫女《したみこ》（くわしくは『巫女』の項を参照）。季節採用の巫女さんね」
巫女Ｂ「それって、わたしの仕事……？」
ももこ「そういうシステムを考えるのが地味に楽しい、神社職員の仕事……」
巫女Ａ「たしかに地味な仕事ですね。ちゃんとできていたら何も言われない。言われるとしたら文句か苦情」
ももこ「燈籠の和紙が破けている、ちょうちんの電気が切れている、紙垂《しで》が一個とれかかっている、手水舎《てみずや》の排水溝が〝ぷにょぷにょボールすくい〟のボールで詰まっている……。何か負の事態が起こったときに目立つことばかりで、きちんとしている時には気づかれない。ようするにライ麦畑に立っているキャッチャーですよ、神社の職員てのは」

巫女B「ついに燈籠からサリンジャーの『キャッチャー・イン・ザ・ライ』に行きつきましたね！」

とくしゅしんせん　特殊神饌

神饌《しんせん》の中でも、他の地域に見られない、特徴的な神饌のこと。

ももこ「関西に来て初めて知ったお魚にモロコがあります！」
巫女B「淀川《よどがわ》のワンド（川がしきられて、池のようになったところ）で釣れるやつですよね」
ももこ「うん。かわいいやつ。ホンモロコっていうのは琵琶《びわ》湖の固有種で美味しいらしいね」
巫女A「モロコがどうかしましたか」
ももこ「滋賀県草津《くさつ》市の老杉《おいすぎ》神社のエトエト祭りでは、神饌のひとつに、酒粕《さけかす》を丸めて子供の拳大《こぶしだい》の団子《だんご》にしてそこに生きたモロコを頭から刺した『めずし』というお供《そな》えがあるらしくて」
巫女A「それは変わった神饌ですね」
ももこ「文字どおりの特殊神饌。『めずし』のほかにも、米粉《こめこ》に海藻をまぜて蒸したものを延《の》ばし、小さな長方形に切り分けて六角柱状に積み上げていく『ぎんば』も。それらは、神職《しんしょく》が神社伝来の古文書を紐解《ひもと》いて、地域の人びとに指示を出して作ってもらうんだって」
巫女B「はぁ〜」

ももこ「わたし、いろんなお社の特殊神饌の写真を見るのが好きなのだけど、どれも造形が、ＵＦＯみたいなのだよね」
巫女Ａ「ＵＦＯ……」
ももこ「くるくる回って宇宙に飛んでいきそうな造形。日常に現れたら異形感のある造形」
巫女Ｂ「素材や調理法が特殊であると同時に、造形も特殊なんですね」

としがみ　年神・歳神

正月に訪れて新しい年をもたらす神。

とりい　鳥居

神社の神域《しんいき》を表わす門。俗界と聖域を分ける門。

「な」

なおらい　直会

神へのお供《そな》えをおろして、共飲共食《きょういんきょうしょく》する儀礼。祭祀《さいし》にあたっての斎《いつき》（「物忌《ものい》み」のこと）をゆるめて、通常の状態に「直《なお》る」こととされる

ながれづくり　流造

神社建築の一形式。屋根の前のほうが長く伸びて向拝《こうはい》をおおい、庇《ひさし》と母屋《もや》が同じ流れで葺《ふ》いてあるのでこの名がある。奈良時代末から平安時代に成立し、広く各地に流布《るふ》した。

にいなめさい　新嘗祭

十一月二十三日に宮中《きゅうちゅう》の神嘉殿《しんかでん》、および全国の神社で行なわれる収穫の祭祀《さいし》。「神祇令《じんぎれい》」では十一月の下の卯の日《うひ》（三の卯があれば中の卯の日）にしていたが、明治の改暦を機に下の卯の日にあたる十一月二十三日に固定された。民間の二十三夜の月待ちで、

刈上祭《かりあげさい》とも関係がある日であったためといわれる。

にぎみたま　和魂

神霊《みたま》の、おだやかなはたらき。荒魂《あらみたま》と対である。

巫女A「ほかに、奇魂《くしみたま》と幸魂《さきみたま》もありますよね？」
ももこ「そうそう、荒魂・和魂・奇魂・幸魂。これが『四魂《しこん》』と呼ばれています。たましいフォ〜！」
巫女B「古っ！　ちゃんと説明してください」
ももこ「バンドにたとえると、まず荒魂は、バンドを結成するときとか、曲や詞を作るときの衝動。その力」
巫女B「和魂は？」
ももこ「メンバーが集まって、アレンジを考えたり、ハーモニーを楽しんだりするときのはたらき」
巫女B「奇魂は？」
ももこ「ライブ当日、ボーカルの人がゾーンに入っちゃって、ありえないパフォーマンスが出たときのはたらき」

巫女B「幸魂も聞いときますか」
ももこ「メンバーも、お客さんも、スタッフも、全員がハッピーな気持ちに達した状態。みんな、ありがとう〜ッ!」
巫女A・巫女B「あ〜」

ねぎ　禰宜

神職の職名のひとつ。多くの神社では宮司の下に一名の禰宜がおり、その下に複数名の権禰宜《ごんねぎ》がいる。

語源は、神の心を和《なご》めて、その加護を願うという意味の「ねぐ」という動詞から。

のりと　祝詞

祭祀《さいし》のとき、斎主《さいしゅ》(いわいぬし)が神に対して唱《とな》える言葉。広い意味では「祓詞《はらえことば》」も祝詞に含まれる。

語源は、「のる(呪術的に重大な発言をする)」+「と(接尾語。授受的な行為やものにつけられることが多い)」と考えられ、「祝詞」という漢字をあてたのは、中国の「祝文《しゅくぶん》(神に対して申す言葉の意)」からといわれる。
ももこ「沖縄では神事は女がやるものだけど、その最高位の女性司祭者《しさいしゃ》は『ノロ』」
巫女B「それも『のる』の名詞形なのですね」
巫女A「『大祓詞《おおはらえのことば》』でも、前半のクライマックスに『アマツノリトノフトノリトゴトヲノレ（天津祝詞の太祝詞事を宣《の》れ）』という部分がありますよね」
ももこ「ちょっと盛りあがって言うところね」
巫女A「あれで、『宣る（のる）』は動詞だ、と思いましたよ」
巫女B「ノルの意味を持つ言葉を、三回も重ねていますよね」
ももこ「神様言葉はね、とにかく重ねてくる。スサノオノミコトの詠《よ》んだ歌『八雲《やくも》立つ　出雲《いづも》八重垣《やえがき》妻籠《つまご》みに　八重垣作る　その八重垣を』からして、ただでさえ八重の八重垣を三回も重ねている。それによる広がり感が半端《はんぱ》ではないよね。古代の文体を継承している祝詞の中身もまた、重ねの表現が多い。『恐《かしこ》み恐《かしこ》み』『弥栄《いやさか》えに栄えしめ』『平《たい》らけく安《やす》らけく』『今日《きょう》の生日《いくひ》の足日《たるひ》』『弥遠《いやとお》に弥広《いやひろ》に』などなど……」
巫女A「言葉をペアにして言うのも多いですよね」
ももこ「さらに、奥《おき》つ藻菜《もは》・辺《へ》つ藻菜、鰭《はた》の広物《ひろもの》・鰭の狭物《さもの》、甘菜《あまな》・辛菜《から》などなど……」

巫女B「食べものばかりですね」
ももこ「お供《そな》えものシリーズ！　形容詞を重ねると、時間や空間に広がりがでるし、名詞を重ねると、豊かな感じがする」
巫女A「言葉の世界で、豊穣《ほうじょう》を表現するのですね」
ももこ「豊穣の表現で大事なのはリズム」
巫女B「リズム出していこう、どんどん、ってことですね？」

「は」

はいでん　拝殿

神に礼拝《れいはい》するための建物。

ももこ「本殿《ほんでん》は神様用の建物。拝殿は人間用の建物です」
巫女B「なのに、本殿より拝殿のほうが大きかったりしますよね」
巫女A「しかも、拝殿が本殿の手前にくっついて建っていて、正面からは拝殿しか見えなかったりします」

ももこ「そんな、存在感ありすぎる拝殿だけど、神社の中には、拝殿を持たないところもあるよ」
巫女B「えっ？」
ももこ「それは、伊勢神宮《いせじんぐう》」
巫女B「あーっ」
巫女A「ふつうに参拝するときは、外玉垣《そとたまがき》の門のあたりから、ご本殿を拝みますね」
ももこ「神明造《しんめいづくり》の御正殿《ごせいでん》ね。米倉《こめぐら》のようなご本殿をね」
巫女B「拝殿に上がろうとしたことがないから気がつきませんでした」
ももこ「だから、あの門の中に入っても、拝殿ないよ」
巫女A「じゃあ、祭祀《さいし》はどこで？」
ももこ「ご本殿の前庭で。石の上に正座して」
巫女A「おお」
ももこ「古代の形式」
巫女A「反対に、拝殿だけあって、本殿がない神社もありますか？」
巫女B「はいっ（挙手）。大神神社《おおみわ》でしょう」
ももこ「正解。大神神社は、奈良県の三輪山《みわやま》を神体山《しんたいさん》として成立した神社で、いまも本殿は建てずに、三輪鳥居《みわとりい》の内側を禁足地《きんそくち》としている。こちらも古代の形式を残している神社。それから、うちの境外摂社《けいがいせつしや》の瘡神社《くさがみしや》も、道路に面している唯一の建物は、本殿ではないの。その背後の薄暗い森の中に池があって、これが瘡神社のご神体。今は、子供が入って遊ぶとあぶないから、高い金網で囲まれてしまっているけど」

はくしゅ　拍手（↓かしわで　拍手）

はしら　柱

ももこ「日本の神をかぞえるときには、一柱《ひとはしら》、二柱《ふたはしら》、三柱《みはしら》……と、『柱』を使います」

巫女Ａ「どうしてですかね」

ももこ「やっぱり、神社のないころには樹木で柱的なものを立てて、そこに神に降りてもらって祭祀《さいし》をしていたからじゃないかなあ」

巫女Ａ「その神が、神社という建物に常駐《じようちゆう》してくれることになったら……」

ももこ「やっぱり神社建築において、柱というのは最重要だよね」

巫女Ａ「伊勢神宮の御正殿《ごせいでん》にも、心の御柱《しんのみはしら》という、神聖な柱がありますね」

ももこ「国生みをしたイザナギとイザナミも、御柱めぐりをしているしね」

はつみやまいり　初宮参り

赤ちゃんが、誕生後に初めて氏神《うじがみ》に参ること。「初宮詣《はつみやもうで》」「お宮参り」などともいう。

巫女Ｂ「初宮詣は、だいたい生後一カ月すぎたくらいの赤ちゃんが多いですけど、どうしてですか」

ももこ「それは、この日をもって赤ちゃんの忌《いみ》が明ける、とされる日だから。生後何日まで忌とするかは、地方によって違うけれども、男児三二日め、女児三三日めとしているところが多い。でも北海道みたいに一〇〇日めというところもあるよ」

巫女Ｂ「忌があければ家の外に出ていいんですよね」

ももこ「むかしは産屋《うぶや》の外にね」

巫女Ａ「外に出る初日に、まず氏神さんに詣でて、守護してもらうわけですね」

ももこ「なんだけど、産婦の忌は七五日としているところが多いのだよね」

巫女Ａ「では、赤ちゃんが先にお目見えして一カ月くらいは、母親はまだ外に出られないという」

ももこ「だから昔は、姑《しゅうとめ》や産婆《さんば》が赤ちゃんを抱いて宮参りに来たそうだ」

巫女Ａ「姑は分かりますけど、お産婆さんが？」

ももこ「私らの二世代前ぐらいまでは、産婆が抱いて宮参りするのはフツウだったらしいよ。私の知り合いの助産師さんの師匠は九十歳で、取りあげた赤ちゃんのお宮参り用の紋付《もんつき》を、いつも用意していたって」

巫女B「かっこいいですね」

ももこ「でも現代では、忌の概念が薄れて、母親も一緒にお宮参りをすることがほとんど。七五日を過ぎてからのお宮参りもけっこうあります」

はつもうで　初詣

新年のはじめに、社寺にお参りすること。

はつほりょう　初穂料

祈禱《きとう》料や御札・御守授与料など、神社に納《おさ》めるお金のこと。「その年にはじめて収穫され、まず神に供える稲穂（初穂）」の代わりとなるお金。

他に「玉串《たまぐし》料」という表現の仕方もあるが、これは、祈禱や神前《しんぜん》結婚式、神葬祭《しんそうさい》など、玉串を神前に捧《ささ》げる行事がある場合に使われることが多く、御札や御守を受ける場合には、あまり使われない。

はまや　破魔矢

初詣《はつもうで》の参拝者に人気のある縁起物のひとつ。魔除《まよけ》・開運の飾り矢。

ももこ「『魔』という概念が仏教的であるという理由から、神社では破魔矢を『神矢《しんや》』といいます」

巫女B「参拝者にとっては、どっちでもいいかな」

ももこ「同じ理由で護摩木《ごまぎ》のことを神社では『祈禱木』と称したりするけど、みんな『ゴマ、ゴマ』って言うよね」

はらえ　祓

罪や穢《けが》れ、不浄などを心身から取り除《のぞ》くための行事。

神事にそなえて身を清める祓を吉事祓《よごとばらえ》、災《わざわ》いをよけるためにする祓を凶事祓《まがごとばらえ》といって区別することもある。

祓えはすべての祭典、祈禱《きとう》の直前に行なわれる。神社で行なわれる祈禱が、世間一般ではまとめて「お祓い」と呼ばれているのはそのため。

ひもろぎ　神籬
臨時に設けられる祭祀《さいし》の施設。真ん中に榊《さかき》を立て、幣《へい》を取りつけて神の依代《よりしろ》とし、そのまわりに四角く注連縄《しめなわ》をめぐらして、神を迎え、おまつりをする対象とする。

ひらか　平瓦
かわらけ。神饌《しんせん》用具のひとつ。お供《そな》えものを盛るための皿。素焼《すやき》土器または白い陶器で、神前《しんぜん》には三方《さんぼう》、折敷《おしき》、または高坏《たかつき》に載《の》せて供える。

まいどの　舞殿（↓かぐらでん　神楽殿）

へいし・へいじ　瓶子
神饌《しんせん》用具のひとつ。酒を供《きょう》するためのもの。現在では素焼《すやき》土器または白い陶器で、共《とも》蓋《ぶた》をつける。神前《しんぜん》には一対を三方《さんぼう》や折敷《おしき》などに載《の》せて供《そな》える。

へいはく　幣帛

もとは神に奉献《ほうけん》するものの総称で、かつては広く神饌《しんせん》も含まれたが、現在では布帛《ふはく》（絹の布）、幣束《へいそく》（紙垂《しで》を束ねたもの）、御幣《ごへい》などを指す狭い意味になっている。

ももこ「『帛《はく》』というのは絹のことです。だから幣帛は絹でできた御幣ね」
巫女Ａ「正絹《しょうけん》ですか」
ももこ「もちろん、正絹。本当はおかいこ様を飼うところから始めるもの」
巫女Ａ「絹は、すごいデトックス効果がありますからね」
ももこ「パジャマとか最高だよね、つるつるであったかくて軽くて。実家に帰ったときに着ただけだけど」
巫女Ｂ「毒素がたまっているとき、絹の靴下を履《は》いて寝ると一晩でやぶけますよ」
巫女Ａ「体じゅう、毒が回っているのでは？」
ももこ「話は変わるけど、剣道の試合で掛け声をかけるじゃない？　あれ、『裂帛《れっぱく》の気合《きあい》』というのだけどね」
巫女Ａ「絹（帛）を裂《さ》くような声、ってことですか」
ももこ「フツウの大声や掛け声とはぜんぜん違うわけ。声というより、音。『裂帛』って、よく言ったもんだなあと思う」
巫女Ａ「あのう。絹が裂ける音を聞いたことがないので……」
巫女Ｂ「こっそり神社の正絹の装束でやってみてくださいよ」
ももこ「あんたたち、鬼か」
巫女Ａ「それはそうと、例祭のときに、神社庁《じんじゃちょう》から幣帛がお供《そな》えされますね」
ももこ「うん。その使者は献幣使《けんぺいし》といいます」
巫女Ａ「わ、遣唐使《けんとうし》みたい」
ももこ「遣唐使は歴史上の話だけど、神社界では今でも、『こんど、オレ献幣使だから』っていう会話がフツウにあるということだよね」

へいでん　幣殿
幣帛《へいはく》を奉《たてまつ》るための建物。通常は本殿《ほんでん》と拝殿《はいでん》のあいだに連続して建てられる。

ほういよけ　方位除
方角や方位による災《わざわ》いを除《よ》けること。方除《ほうよけ》。方角や方位が人の暮らしに少なからぬ影響を与えており、そこには吉凶が存在するという陰陽道《おんみようどう》的な考え方が根底にある。家遷《やうつり》（転居）や就職、就学、旅行などにより人の動きに変化があるとき、または増改築などで家の一部を工事するときなど、知らず知らずのうちに凶方位《きようほうい》に関わることで災いが起きる可能性がある。それを回避するために祈禱《きとう》やお祓《はら》いをしたり、方位除の神札《しんさつ》や御《お》守《まもり》に加護を祈願したりすること。

ももこ「めぐる季節にも節分《せつぶん》という境目《さかいめ》があるように、空間にも境目があるわけで」

巫女Ａ「方角の境目とか、国境とか……」

ももこ「時間的にも、空間的にも、境目においては、フツウではないことが起こりやすい」

巫女Ａ「早番と遅番の交代の時間帯に、なにか事件が起きるみたいに」

巫女Ｂ「野球で、二塁と三塁の境目を守るショートが守備の華といわれるように」

ももこ「南方熊楠《みなかたくまぐす》が、動物と植物の境目にいる粘菌《ねんきん》を熱心に研究したように」

巫女Ａ「そうした境目、節目《ふしめ》をケアしていくのも、方除・厄除《やくよけ》を得意とする神社の大事な役割なのですね」

ほうのう　奉納
神（や仏）に感謝を表わすために何らかの物品を献上したり、神前《しんぜん》に技芸を披露《ひろう》したりすること。

ほうへい　奉幣
神に幣帛《へいはく》を捧《ささ》げること

ほんでん　本殿
祭神の御座《みくら》（神座）がある建物。神社において、もっとも神聖な場所であり、通常その御扉《みとびら》は鍵をかけて閉じられている。大きな本殿の内部は、神座のある内陣《ないじん》と、外陣《げじん》とに分かれており、例祭《れいさい》など、特別な祭祀《さいし》のときには外陣の御扉が開けられる。御扉の開閉は、祭祀《さいし》において重要な神事であり、細かい所作《しょさ》の規程がある。
なお、神体山《しんたいさん》や磐座《いわくら》などの聖地を直接礼拝するため、本殿を設《もう》けない神社もある（『拝殿』の項を参照）。

「ま」

まさかき　真榊

榊の枝を棒杭《ぼうぐい》につけて左右相対に立て、向かって右の榊に「玉」と「鏡」と五色絹、向かって左の榊に「剣」と五色絹をつけたもの。天石窟《あめのいわや》での「五百津真賢木《いおつまさかき》」の故事に由来する神前の装飾。

まっしゃ　末社

本社とは別に、境内または神社近くの境外にある小規模の神社。その神社の祭神に縁故の深い神をまつったものは摂社と呼ばれ、それ以外のものが末社と呼ばれる

まつり　祭り・祀り

「まつる」の名詞形。神を含む「異界の存在」を招いて歓待し、祝福する行事。

ももこ「盆踊りは、死者の霊をお迎えしているから、『まつり』だけれど」

巫女B「学園祭とか、文化祭とかは？」

ももこ「本来の意味での『まつり』ではない。そこに、神とか、異界の存在とかがないから」
巫女Ｂ「フジロックフェスティバルは？」
ももこ「神を招いてないだろう。あっ、でも、ときどき神様みたいな人も出演するなぁ。あと、異界の存在も……」
巫女Ａ「フェスはフェスですよ。『まつり』と訳せないからフェスといってるんですよ、きっと」
ももこ「ただ、宗教的意義を失った『まつり』も、今では『まつり』と呼ばれているのは事実でね。よさこいソーラン祭りとか、博多どんたくとか、浅草サンバカーニバルとか」
巫女Ｂ「〝ヤマザキ春のパンまつり〟もね。たくさん買うと、小皿が授与される」

まよけ　魔除
病気や災害などの凶事《まがごと》を「魔」に見立て、それを避けたり封《ふう》じたりするための行為、もの。

みこ　巫女
神社で神職《しんしょく》を補佐して祭事や社務を行なう女性。かつては、神がかりして「神の意志」

を託宣《たくせん》する能力を持った女性のことだった。
巫女Ａ「私の友達で、よその神社の巫女の面接に落ちた子がいます」
巫女Ｂ「いちおう憧《あこが》れのバイトですからねぇ」
ももこ「バイト言うな。ご奉仕《ほうし》と言ってよ」
巫女Ｂ「ご奉仕っていうと、なんか、タダ働きのような感じが……」
ももこ「そんなことないでしょ。うちは小さな神社だから、季節採用のみだけど、巫女がたくさんいる神社では、ふだんから神前《しんぜん》奉仕をする巫女と、年末年始に大量採用される授与所《じゅよどころ》対応の巫女と、はっきり区別しているよ。知り合いの神社では、神前で巫女舞を舞うことができる常駐の巫女を『舞姫《まいひめ》』、季節採用の巫女を『下巫女《したみこ》』と呼んでいます」
巫女Ｂ「私らは十一月から二月までの季節従事者ですよね」
巫女Ａ「もう五年になりますけどね」
ももこ「ま、ジャンルでいうと下巫女だね！」
巫女Ａ「う、心が折れる」
ももこ「どんまい。参拝客にとっては、どちらも巫女さんだから……。巫女舞の研修、もっと積んで、『舞姫』になろう」

巫女A・B「巫女舞……むずかしいけど、がんばります」

みこと　尊・命

神または尊貴なる人物の敬称。『日本書紀《にほんしょき》』では「尊」は天《あま》つ神《かみ》や皇室の祖先の神々に、「命」はその他の神々に用いられているが、『古事記《こじき》』ではすべての神々に「命」を用いて「尊」の字は使っていない。天つ神々の「みこと（御言）」を受けてそれを実行する「みこともち」が転じて神の敬称になったとされる。

ももこ「神道のお葬式『神葬祭《しんそうさい》』では、仏教でいうところの戒名がなくて、そのかわり、生前の名前に『大人命《うしのみこと》』や『刀自命《とじのみこと》』などを加えます」

巫女A「みこと?!」

ももこ「この世に生まれたすべての人が、天つ神々から『みこと』を受けた存在だから」

巫女A「なんかうれしい、死んでからのことでも……」

みこし　神輿

神がいつもの神座《みくら》から外に出て御旅所《おたびしょ》などに渡御《とぎょ》する際に乗る物。神霊《みたま》が一時的に静まる輿《こし》。神輿をはげしく振るのは、魂振《たまふ》りによって神の霊威《れいい》を高めて豊作や大漁などを願う行為。

みそぎ　禊

体を洗い、すすぐことで、身についた罪や穢《けが》れを落とし、清めること。『古事記《こじき》』『日本書紀《にほんしょき》』において、イザナギが黄泉国《よみのくに》から帰ったとき、その穢れを祓《はら》うために阿波岐原《あわぎはら》（九州の日向にある）で禊祓《みそぎはらえ》をしたのが始まりとされる。このとき、イザナギの禊によって、たくさんの神が生まれ、それらは祓えの力をもった「祓戸《はらえど》の大神等《おおかみたち》」と総称される。

神社で祭祀《さいし》や祈禱《きとう》の前に必ず行なう修祓《しゅばつ》では、祓串《はらえぐし》を前にイザナギの禊祓のくだりが唱《とな》えられる。

みょうじん　明神

古代において、とくに霊験あらたかで高名な神や神社に与えられた称号。『延喜式《えんぎしき》』の「神名帳《じんみょうちょう》」には三一〇社が「明神」として記載されている。現在ではこの称号は廃止され、すべて「神社」になっているが、名称として使用しているところもある。

巫女B「大明神《だいみょうじん》って、明神のパワーアップ版ですよね！」
巫女A「大権現《だいごんげん》と大明神が戦ったら、どっちが強いのでしょうか」
巫女B「大権現はお寺チーム、大明神は神社チームの〝ラスボス的存在〟ですよね」
ももこ「勝負だったら、大権現が勝つんじゃないかな」
巫女B「たしかに。大明神は、性格がまっすぐすぎて攻撃が単調になりそう」
ももこ「それに、大権現は仏の化身で、仏という最終形態に、まだなってないわけじゃん」
巫女B「そうか、大明神は、変身はできないんですね」
ももこ「江戸では奥さんのことを〝かかあ大明神〟とかいって怖がっていたくらいだし、やっぱり大明神のほうが身近な感じで……」
巫女A「江戸で思い出しましたけど、徳川家康《とくがわいえやす》の死後、その称号を大明神にするか大権現にするかで、もめたらしいですね」

巫女Ｂ「で、どっちに？」
ももこ「日光東照宮《にっこうとうしょうぐう》の御祭神を調べてごらんよ」
巫女Ｂ「わ、『東照大権現』だ。仏教チームの勝ち！」
ももこ「でもね、豊臣秀吉公《とよとみひでよしこう》は、『豊国大明神《ほうこく》』」
巫女Ｂ「これで、大権現と大明神が一対一か」
ももこ「残るは織田信長」
巫女Ａ「豊臣さん、徳川さんからさかのぼってますけどね……あれ？　織田さん、どっちにもなっていない！」

「や」

やおよろずのかみ　八百万神

日本には数えきれないほどの神がいるということの表現。

やくびょうがみ　疫病神

病気をもたらす鬼神《きじん》。厄病神をもてなすことで、外に帰ってもらったり、病気をふりまかないようにしてもらったりする行事は、日本独特のものといわれている。

やくよけ　厄除

古来、災厄《さいやく》に遭《あ》いやすいといわれる厄年にあたり、神社に参詣して神の加護により災厄から身を護《まも》る祈願をすること。またはその儀式。

氏神《うじがみ》神社の祭礼に合わせ、厄年の人々が神事を奉仕し〝厄払い〟をする例も各地にある。

やしきがみ　屋敷神

屋敷の敷地内とその周辺に奉斎《ほうさい》される神を学術的に分類した呼び方。屋敷神の役割は、そこに住む人の生活の守護、家宅《かたく》の鎮守。古くは「宅神」と書いて、ヤカツカミ、ヤケノカミ、イエノカミ、ヤドノカミなどともいわれた。

また、地方により、その名称はウチガミ、ウヂガミ、ウツガン、イワイジン、イワイガミ、ジノカミ、ジヌシ、コウジンなど、さまざま。

やしろ　社

語源は「屋」＋「代《しろ》」とされる。「代」は、神をまつるために清めた土地のこと。

ゆいしょ　由緒

その神社の創始から現在にいたるまでの来歴。神社の歴史を完結にまとめた冊子は「由《ゆい》緒書《しょがき》」といわれる。

ようはい　遥拝

遠く離れたところから、遥《はる》かに拝むこと。

よりしろ　依代

「まつり」にあたり、神霊が降臨するもの、ところ。樹木や岩、石などの自然物の場合と、柱、幟《のぼり》、御幣《ごへい》など、人が手作りして舗設《ほせつ》する場合がある。

「ら」

れい　礼

敬意を表現する作法。神社祭式《さいしき》の敬礼作法は数多くあるが、なかでも、腰を折り頭を下げることにより敬意を表わす礼の作法には、最高の敬意を表わし九十度腰を折る「拝《はい》」のほか、「平伏《へいふく》」の約六十度、「深揖《しんゆう》」の約四十五度、「小揖《しょうゆう》」の約十五度など、腰を折る角度が段階的に分けられており、敬礼前後の「笏《しゃく》」や「扇《せん》」の作法もそれぞれ異なっている。「座礼《ざれい》」か「立礼《りゅうれい》」かによっても礼の名称が異なる。

れいさい　例祭

年に一度、祭神または神社に由緒のある日をもって行なう大祭形式《たいさいけいしき》の祭典。明治の神祇《じんぎ》制度では、国から幣帛《へいはく》が奉納され祭典が行なわれた。現在では神社本庁《じんじゃほんちょう》がその主旨を受け継《つ》ぎ、ほぼすべての神社の例祭《れいさい》に幣帛を奉納している。

「わ」

わかみや　若宮

本宮の祭神の御子《みこ》（お子さま）を祀る神社や、新たに勧請《かんじょう》した神社。なかでも八幡《はちまん》は数多くの勧請社が若宮と呼ばれている。あるいは御旅所《おたびしょ》を若宮と呼ぶところもあり、用法は幅広い。

鎌倉時代につくられた石燈籠。
今も使われている。329ページ参照
(写真はすべて片埜神社のものです)

瘡神社《くさがみしや》の裏手にあるご神体の池。
340ページ参照

あれから一〇年、こんなことがありました

権禰宜《ごんねぎ》になった

きっかけは、総代《そうだい》会の研修旅行だった。総代さんと一緒に楽しく旅を満喫しているあいだ、おかあさんは地味に、ひとりで神社を守っていた。たいへん申し訳なく思った。「たまには私がお留守番します」と言いたかったが、神社を守るには、初宮詣《はつみやもうで》や厄除《やくよけ》など、ご祈禱《きとう》ができなければいけない。おかあさんは、神職《しんしょく》の資格を持っていたが、私にはその資格がなかったのである。

そして、平成十六年に通うことになったのは、ひと夏かけて京都府神社庁《じんじゃちょう》が開講する、神職の検定講習である。神職の養成や研修は、神社本庁《じんじゃほんちょう》、その地方機関である各都道府県神社庁、あるいは、神道科のある大学が行なっている。京都の場合、京都國学院《こくがくいん》という、二年制の神職養成学校の校舎を、夏休みのあいだまるまる借りて、養成学校と同じ講師陣で授業が行なわれた。

ここには、全国各地から、下は大学生から上は七十代の方まで、代々社家《しゃけ》を継《つ》いできた家の人もそうでない人も受講に来ていた。

かつて有名なプロレス団体を立ち上げたという人もいたし、山伏《やまぶし》修行をした人もいたし、尼僧から転身した人もいた。自衛隊の人もいたし、ヨガの先生もいた。賀茂祭《かものまつり》で競《くら》べ馬《うま》に乗る人もいたし、平安神宮《へいあんじんぐう》のなかで生まれ育った人もいた。私の隣の席の男性は佛《ぶっ》教《きょう》大学の出で屋根職人、私は国際基督教《こくさいきりすときょう》大学の出で出版業界からの流れ者。異質の人びとが集《つど》うという意味で、かつての「たけし軍団」のようだった。

しかも、ほとんどの人が、奉職《ほうしょく》予定の神社の宮司《ぐうじ》の推薦を受けて来ている。世間一般では、「資格をとってそれを就職に活《い》かす」のがフツウだが、この京都の講習の場合は、ただちに奉職して神明《しんめい》に奉仕するよう神社側から必要とされている人ばかりである。とくべつに一ヵ月という短期間で資格を得るというのが実情で、事実上、落ちることは許されない。検定に落ちれば、のこのこと国（地元）には帰れない事態となる。受講生はそれだけの使命を背負って京の都へやってきていた。

講師陣は、京都の由緒ある神社の現役神職で、連綿と続いてきた祭祀《さいし》の生《なま》のすがたに、ごく近くで触れることができた。神社神道という世界を見る目が劇的に変わった。

それまでは自分の嫁いだお宮の内容を把握することに腐心《ふしん》して、ようやく関西になじみ、神社用語にも慣れて流暢《りゅうちょう》に使いこなしているつもりだったが、それがはたして関西弁なのか、神道用語なのか、神道用語の関西弁なのか、あるいは夫の家でしか通じない言葉なのか、そういったことがわからぬまま、赤子が言葉をしゃべり出す要領で、無意識に喋《しゃべ》っていた。言葉だけでなく、社務のやり方についてもそうだったが、これらが一気に整理整頓されたのだ。

外国語にたとえれば、先に喋れるようになってから文法を習ったようなもので、自分にとっては理想的な形だった。部屋に脱ぎすてた服の山から、ひとつひとつ服を手にとり、しわをのばして、分類して簞笥《たんす》の引きだしにしまっていくように、頭のなかで散らかっていた神社用語が、所定の位置におさまっていった。多様な地方から来た同期生たちから仕入れたローカルな神社情報も、頭の引きだしにおさまっていった。

たけし軍団のようなわれわれの代は、思いのほか結束力が高かった。歴史のことは年配が教え、身体能力の高い若者が神社祭式をいち早く覚えて年配陣に教える。全員にあだ名がついて、その名で呼びあいながら、昼休みはみなで祭式《さいしき》の稽古《けいこ》。たがいに得意分野を発揮して助け合い、実習も終えた。すべての科目の試験に通り（追試もある）、最終面接もクリアすると、階位を申請することができるのだ。

こうして神社界に夫以外の友達ができ、直階《ちょっかい》という神職の第一段階の階位を取得して、神社庁に申請し、うちの神社の権禰宜《ごんねぎ》を拝命した。

夫が宮司になった

それから一年は、個人祈禱の経験を積んだ。なかでも、初宮詣《はつみやもうで》と七五三は、一年目がもっとも数多くご祈禱をしたのではないかと思う。女が神職をやっていると、印象に残るのか、はたまた、私の顔が覚えやすいのか、「この子のお宮参り、やってくれた神主さんですよね?」などと、外で声をかけられるようにもなった。スーパーでぼんやり買い物をしているときにも、「ですよね?」と声をかけられたりする。

「このあいだの神主さんですよね? ぼく、女性の神主さんというと、アマテラスオオミカミとか、卑弥呼《ひみこ》さんのイメージがあったんですけど、フツウの今どきの女性なんですね」と言われたこともある。そのときの私は、リー・ペリーというレゲエミュージシャンのTシャツを着て、ジーンズをはき、スーパーのかごに、酒のつまみとなる食材を放りこんでいる最中だった。

一年はあっというまに過ぎ、また夏がきた。

第一段階の「直階」をとれば、ご祈禱はできる。だが、私は翌年も第二段階の「権正《ごんせい》階《かい》」を取るため、ひと夏を講習についやした。直階で知った神社神道の世界は、考えていた以上に複雑で多様で自由な分野であったので、「もっと知りたい」という、純粋な好奇心、悪くいえば、こわいもの見たさからであった。

だが、権正階は、宮司になるための最低限の階位で、講習は大学の授業ではないから、より実践的なものになる。宮司（斎主《さいしゅ》）しか行なわないような作法や、宮司（代表役員）しか行なわない事務について、けっこうな尺を割《さ》いて、教わることになる。正味な話、嫁はべつに受けなくてもよいわけで、私のまわりは、「そんなことより、早よ跡《あと》継《つ》ぎの顔が見たい」というムードがうずまいていた。

そんなとき、「この先、何が起きるか分からない。万が一、嫁が宮司をやる事態もないとはいえない。推古《すいこ》天皇のように」と大義名分《たいぎめいぶん》を言っていたが、日常的な会話で推古天皇までさかのぼることじたい、すでに神社界の「タイム感」を会得《えとく》していたといえる。「こないだの戦争」は応仁《おうにん》の乱、戦国時代は「つい最近」。こうした時間感覚を身につけてこそ、神々と親しかった時代のことをより深く知ることができるのだ。

さて、権正階には、ひと月の講習のほかに、のべ二カ月の神社実習が必修となっていた。神社庁が指定する神社に自分で申しこみ、神職実習生として、奉仕させてもらうのだ。よその神社のことなので、書くことは控《ひか》えるが、この実習での体験は、ほんとうに興味深く、得がたいものだった。こよりをつくったり、御守《おまもり》をつくったり、榊《さかき》の枝を刈りにいったりしながら、そこの神職の方々に質問し、話を聞き、神道や陰陽道《おんみょうどう》の本を貸してもらって読んだ。

なかでも、摂社《せっしゃ》の例祭《れいさい》に、祭員として参加させてもらったことは、私にとって例祭奉仕の最初で最後の経験である。なぜなら、わが家のお宮に帰れば、例祭のときは直会《なおらい》の準備にてんてこまいで、祭員として参加はおろか、祭典をチラ見するヒマすらなく、ひたすら雑用をこなしているからだ。

この実習期間中に、宮司であるおとうさんが病気で亡くなった。七十一歳だった。神道では死ぬことを「帰幽《きゆう》」という。

神職が帰幽した場合には、神道のお葬式、「神葬祭《しんそうさい》」が行なわれる。神社庁に包括《ほうかつ》されている神社は、つね日ごろから地域の神職が集まって活動をしているから、こういうときもその神職さんたちが、神葬祭の斎主、祭員をしてくれる。私はただ悲しくて、おとうさんに手紙に書き、棺桶《かんおけ》に入れて泣いた。葬式において、嫁のすることは、何式でもそれほどかわりない。

喪主であり、帰幽した宮司の息子、すなわち夫はそのとき禰宜《ねぎ》だったが、三十代で宮司になることとなった。宮司は必ずしも世襲制ではない。あたらしい宮司の決定には、役員会の議決が必要である。議決を得て、神社本庁に申請し、許可を得てはじめて宮司を拝命する。忌《いみ》の期間中も、神事はつぎつぎやってくる。夫は「除服出仕願《じょふくしゅっしねがい》」という、まるで明治時代のような届を神社庁に出し、これらの手続きをして、宮司に就任した。おとうさんが兼務していたいくつかの神社も、引きついで宮司として兼務することになった。

実習に復帰すると、季節はもう六月になっていた。夏越《なごし》の大祓《おおはらえ》のために、若手神職が茅刈《かや》りに出た。茅の葉でおおきな輪をつくり、「茅《ち》の輪《わ》くぐり」をするためだ。雨の降るなか、人里離れた山中に入り、茅を、軽トラック三台ぶんほど刈って帰ってきたら、ひとりの神職の背中が、血だらけになっていた。ヒルがくっついていたのである。ヒルなんてアマゾンにしかいないと思っていた無知な私は仰天《ぎょうてん》してしまった。

実習は終わった。しずかな気持ちで、権正階の認定を受けた。心はまだ泣いていた。料理の腕が立つ義兄が登場するまで、しばらくのあいだ、神社のまかないのおでんは、おとうさんの絶品おでんから、ごく普通のおでんになった。

「伝　阿弓流為《あてるい》・母禮《もれ》の塚」完成

おとうさんの生前からすすめていた「伝　阿弓流為・母禮の塚」の石碑が、ついに竣《しゅん》工《こう》を迎えた。

これは、神社の隣にある、元神社地の公園にあった「首塚」と呼ばれていた塚を、きちんとした形に整備し、東北の雄、阿弖流為と母禮をとむらい、その功績をたたえる場としたものだ。また、東北と関西との友好の場としていこうというプロジェクトで、有志による実行委員会が立ちあがり、費用はすべて、有志の寄付でまかなわれた。

宮司になっていた夫は、実行委員会のメンバーだったが、私はメンバーではなく、事務局の事務員として、寄付をいただいた多くの方々のご芳名帳をつくり、芳名者を銅版に刻《きざ》む名前をチェックし順番を決めて発注するといった業務を行なった。

このとき、はからずも、おとうさんの葬儀の参列者芳名帳をデータ化したときの経験が役に立った。達筆すぎる字、つづけ字は、データ化するとき間違いが起きるので、署名欄を大きくし、「楷書で、大きく、わかりやすくお書きください」と一文をそえ、さらに、確認のための連絡先を、明記してもらった。もちろん、ひとりひとり、電話やファックスで、文字校正のやりとりはしたが、それでもこのひと手間で、訂正の数は減ったはずだ。

実行委員会の方々、とくに、地元の小中学校を動かしてくださった教育関係者の方の力にはとうてい及ばぬものの、このプロジェクトには、事務員の私にも、それなりの思い入れがあった。

なかでも、阿弖流為と母禮の地元である、岩手県の有志の方々と電話でお話をするたびに、胸が熱くなるものがあった。「名前の順番なんてどうでもいい、刻まなくたっていい、協力させてもらえるだけでうれしい」とおっしゃる方ばかりで、しばしその東北弁にほっこりさせていただいた。大阪サイドも、そのようにおっしゃられる方ばかりだったが、なまじ地元で、その方々のことを知っているだけに、名前の順番にはこちらが勝手に気をもんでしまう。

記念の石碑に刻む文字は、京都清水寺《きよみずでら》の貫主《かんしゅ》が揮毫《きごう》した。清水寺は、阿弖流為・母禮と戦った坂上田村麻呂《さかのうえのたむらまろ》ゆかりの寺である。平安の世の英雄たちによって、いまここに神仏習合が実現したのだ。

本殿の修復工事が完成

身近な人が生まれたり亡くなったりしても、毎日朝は来て、季節はめぐり、稲穂が実り、正月が来る。だから神社の神事はいつもどおり、変わることなく行なわれなくてはならない。たとえ例祭の日に宮司が帰幽したとしても、代理の斎主によって時間どおり行な

伝 阿弖流為・母禮の塚

われる、それが「まつり」というものだ。なぜなら神社は、人の場所ではなく神の場所だからである。

それゆえ神社としての大きな変化というのは、一〇年のあいだにそれほどあるものではない。一〇年というスパンは神社にとってはほんの短い一瞬であって、祭祀の内容が変わるなんてことはない。

そんななかでも、神社にとって大きなできごとといえば、「遷宮《せんぐう》」だろう。

日本の神社のほとんどが木造なので、数十年に一度は、修改築《しゅうかいちく》の必要にせまられる。うちの神社の本殿も、豊臣秀頼公《とよとみひでよりこう》（秀吉公の世継ぎ）が再建したというから、立派な桃山《ももやま》時代の建築である。

檜皮《ひわだ》葺きの屋根は、台風のたびに少しずつ「檜皮（文字どおりヒノキの皮）」が飛んでいってしまい、きれいに貼り替える必要があった。また、柱を覆う朱の漆《うるし》は、長い年月で色が落ちてきて、しぶい感じになっている。素人目には、これはこれで味があるともいえるが、木肌を保存するにも漆や彩色をほどこしているほうがよいらしい。夫が宮司になって三年目に、その修復のときがめぐってきた。

京都と大阪付近には、同じ時期に秀頼公が再建した社寺の建物がいくつもあり、有名どころでは北野天満宮《きたのてんまんぐう》本殿や東寺《とうじ》の金堂《こんどう》などが、いずれも国宝だ。うちの神社の本殿も、そのひとつで、国の重要文化財に指定されている。

　ということは、文化財保護法により、修理の費用を所有者だけで負担できない場合は、国から補助金の交付を受けることができる。実際、氏子崇敬者《うじこすうけいしゃ》からの尊《とうと》い寄進《きしん》と国の補助は不可欠だった。宮司は、文化庁の指示を仰《あお》ぎながら、負担の割合や、どこをどの程度まで修復するのか、いつの時代の段階まで再現するのか、など、微《び》に入り細《さい》に入り協議した。その協議は、修復が始まってからも、そして終わってからも続いた。

　本殿は文化的財産であると同時に、今もライブで神霊《みたま》が鎮座《ちんざ》する空間である。人は、あたらしくてきれいな家に引っ越したら、テンションが上がる。しかも、豪華絢爛《ごうかけんらん》な家に引っ越せば、「仕事がんばるぞー！」とさらに奮起《ふんき》する。神様だってそうなのではないか。そういう発想から、豊臣秀頼公は、この豪華絢爛な本殿に建て直したはずなのだ。

　その後、文化財に指定されるまでのあいだに、幾度も修築が行なわれ、そのたびに「こうしたら神様もっと喜ばはるんちゃう？」という発想で、細工が加えられたり、修築されたりしてきたにちがいない。

　だが、いったん文化財の指定を受けたら、そういった自由な修築は認められなくなる。

いくら腕のいい職人が、「ここの蟇股《かえるまた》にかっこいい龍の彫りものを加えたいな」などと思っても、できないのだ。そのかわり、歴史的資料を詰めたうえで、考え得るかぎりにおいて、ある時点までさかのぼって再現する。その結果、「余分」とされた後世の追加部分はとりはらわれてしまう。それが、文化財の修復である。

私は、このとき幼児二人の子育て中で、国・行政（おもに枚方《ひらかた》市）・神社の三者折衝《せっしょう》の内容にまで聞き耳を立てる余裕がなかったが、檜皮葺き職人や、漆塗り職人の仕事をチラ見しにいっては、その技と忍耐力、集中力に舌を巻いた。

意外にも若い職人が多く、みな優秀である。考えてみれば、日本のどこかで、毎年、新築や建て替え、修復が行なわれているのだから、この仕事がなくなることはない。神にまつわる事ゆえ、手を抜くということもない。仕事の量とレベルは、祭祀同様、変わらず保たれるわけだ。あらゆる仕事が、機械化され、キット化され、職人ではなくアルバイトがやり、いずれはＡＩにとってかわられるとしても、宮大工《みやだいく》や、こうした職人の仕事は、人の手が生き残るのではないかと思う。

こんなふうにして、三カ年にわたった修復が終わると、朱塗りのあざやかな、桃山美の粋《すい》ともいうべき本殿が姿を現わした。

本殿の細部。朱塗りの漆だけでなく、
組物の細かい彩色も復元された

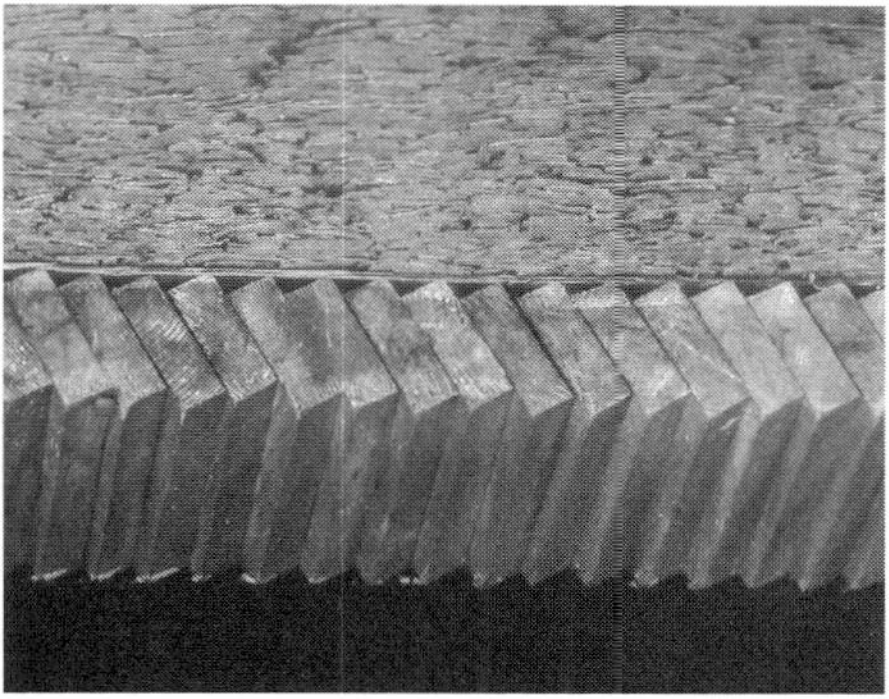

檜皮葺きの屋根を拡大したところ。
薄い檜皮を何枚も重ねている様子
がわかる（上の部分）

遷宮にまつわる祭祀は、着工前に、本殿から仮殿《かりどの》に祭神を遷す祭を「仮殿遷座祭《せんざさい》」、完成後に仮殿から本殿に祭神を遷す祭を「本殿遷座祭」と呼ぶ。遷宮は、神の霊力がもっとも高まる神事とされ、宮司にとっても、めったに経験できるものではない。夫の場合、かなり早い段階で、その光栄にあずかったことになる。

えびす祭に金烏帽子《きんえぼし》と「ママさん巫女《みこ》」を投入

毎年、秋ごろになると、私は一本釣《づ》りに出かける。釣りといっても、魚ではなく人を釣るのだ。

神社の外に出て、ハッピが似合いそうな子供がいれば秋祭りの奉納太鼓《ほうのうだいこ》に誘い、金烏帽《きんえぼ》子《し》の似合いそうな女性がいれば、「えびす祭」の巫女《みこ》としてスカウトする。きれいどころを集め、金烏帽子をかぶせてズラリと授与所《じゅよしょ》に並べたいというのが私の数年来の夢だった。

金烏帽子というのは、文字どおり金色の烏帽子のことで、商売繁盛《はんじょう》を願う「えびす祭」にだけ、巫女がかぶる帽子である。「えびす祭」とは、一月十日とその前後数日、戎大神《えびすのおおかみ》のご加護と商売繁盛、家内安全、社運隆昌《りゅうしょう》を祈願して、参拝者が吉兆《きっちょう》(縁起物《えんぎもの》、ここでは福笹《ふくざさ》)、熊手《くまで》、箕《みの》などを受けにくる「まつり」だが、このときに、参拝者の対応をし、鈴を授け、福をふりまくのが、えびす祭限定の巫女、通称「福娘《ふくむすめ》」たちである。

これまでは、正月の巫女がそのままスライドして福娘を兼任しており、金烏帽子もかぶっていなかった。そこで、金烏帽子の導入と同時に、福娘専門の巫女をスカウトすることにした。きれいどころといっても、ただ見た目がきれいなだけではおもしろくない。参拝客も福をもらいにきているのだから、気持ちよく会話ができ、楽しく福をふりまいてくれる人……。そんなことを想定しながら、これぞ、と思う女の人に、ひとりずつ、声をかけていったら、はからずも、七人全員が、みな二十代〜三十代の若い母親たちだった。

地域の運動会でリレーを走り、みごと優勝して米一俵を手に入れた人。自宅でアロマサロンを開いている人。子育てしながら看護学校に通っている人。私のできない本場のノリツッコミができる人。結婚前は販売の仕事でばりばりにやっていた人。それぞれに、バックボーンも、雰囲気もちがうが、みなさん内面から美しく、魅力的な人柄だ。私は『七人の侍』の志村喬《しむらたかし》のように、どの人をどの時間帯にどの場所に入ってもらうか、作戦を立てた。

当初、話だけを振ったとき、スタッフサイドには「オバハンらに巫女装束《しょうぞく》を着せるんか」などという声もあった。巫女というのは、学生など未婚の若い人がやるべきもので、主婦は論外だというのだ。しかし、ふたを開けてみれば、これが当たりだった。スタッフからは「来年もお願いできるでしょうか」と言われ、それに刺激を受けた学生巫女たちも、正月とはちがった面を発揮して、えびす祭をおおいに盛りあげた。

熊手や箕などの縁起物については、あとから神職の資格をとり、奉職した義兄が、それまでの主要メンバーとともに、あたらしい風を吹きこもうとしている。

縁起物というのは、目につく場所に飾るものであるがゆえに、御利益はもちろん、物体としての魅力も必要で、「目新しいもの」「ここにしかないもの」が求められる。と同時に、「安心、安定感のある、いつものオーソドックスなもの」も一定数、備えていなくてはならない。このあたりの匙加減《さじかげん》が、むずかしいのだけれど、それだけに別の業界での経験が役に立つ。「えびす祭」は、当社のまつりのなかでは、歴史のあたらしいまつりで、そのぶん、自由度が高く、工夫のしがいがあるともいえる。

気がつけば、宮司も、義兄も、私も、三人ともが、三十を過ぎてからの、別の仕事からの神職への転身である。例祭を斎行《さいこう》し、地鎮祭にも行く、ほかの二人に比べて、祭祀の面で私が神社に貢献できることは少ないのだが、こうしてつたない文章を発表することで、どこかの誰かが神社に親しみを感じ、ふとした瞬間に「ちょいとおまいりにでも行こうか」と思ってくれたらうれしい。

10ページ〜12ページのクイズの答え

ア、紙垂（しで）　イ、三方（さんぼう）　ウ、胡床（こしょう）
エ、鈴の緒（すずのお）　オ、玉串（たまぐし）　カ、案（あん）
キ、大麻（おおぬさ）　ク、御幣（ごへい）または、幣束（へいそく）
ケ、茅の輪（ちのわ）　コ、蟇股（かえるまた）　サ、釣燈籠（つりどうろう）
シ、神楽鈴（かぐらすず）　ス、浅沓（あさぐつ）

本殿

一〇〇字書評

切り取り線

購買動機（新聞、雑誌名を記入するか、あるいは○をつけてください）	
□（　　　　　　　　　　）の広告を見て	
□（　　　　　　　　　　）の書評を見て	
□ 知人のすすめで	□ タイトルに惹かれて
□ カバーがよかったから	□ 内容が面白そうだから
□ 好きな作家だから	□ 好きな分野の本だから

●最近、最も感銘を受けた作品名をお書きください

●あなたのお好きな作家名をお書きください

●その他、ご要望がありましたらお書きください

住所	〒				
氏名		職業		年齢	
新刊情報等のパソコンメール配信を 希望する・しない	Eメール	※携帯には配信できません			

あなたにお願い

この本の感想を、編集部までお寄せいただけたらありがたく存じます。今後の企画の参考にさせていただきます。Eメールでも結構です。

いただいた「一〇〇字書評」は、新聞・雑誌等に紹介させていただくことがあります。その場合はお礼として特製図書カードを差し上げます。

前ページの原稿用紙に書評をお書きの上、切り取り、左記までお送り下さい。宛先の住所は不要です。

なお、ご記入いただいたお名前、ご住所等は、書評紹介の事前了解、謝礼のお届けのためだけに利用し、そのほかの目的のために利用することはありません。

〒一〇一-八七〇一
祥伝社黄金文庫編集長　岡部康彦
☎〇三（三二六五）二〇八四
ohgon@shodensha.co.jp

祥伝社ホームページの「ブックレビュー」からも、書けるようになりました。
http://www.shodensha.co.jp/bookreview/

祥伝社黄金文庫

嫁《とつ》いでみてわかった！
神《じん》社《じゃ》のひみつ

平成28年6月20日　初版第1刷発行

著　者　岡《おか》田《だ》桃《もも》子《こ》
発行者　辻　浩明
発行所　祥伝社《しょうでんしゃ》
〒101－8701
東京都千代田区神田神保町3－3
電話　03（3265）2084（編集部）
電話　03（3265）2081（販売部）
電話　03（3265）3622（業務部）
http://www.shodensha.co.jp/

印刷所　萩原印刷
製本所　ナショナル製本

ISBN978-4-396-31695-2 C0195